歴史文化ライブラリー
89

江戸御留守居役

近世の外交官

笠谷和比古

吉川弘文館

目次

1　近世の外交官と本書の構成

江戸留守居役と「組合」

江戸留守居役《るすいやく》は大名諸家の江戸屋敷に常駐している外交官である。彼らは各大名家の渉外担当者として、幕府や他大名家との連絡・折衝事務の各方面に広く携わり、また日常的には幕政の動向から市井の些事《さじ》にいたるまでの各種情報を収集することを任務としていた。それ故に彼らはまた「聞役《ききやく》」「聞番《ききばん》」とも称し、また江戸城に赴いて幕命の授受にも携わるところから「公儀人《こうぎにん》」「御城使《おしろつかい》」とも呼ばれた。

彼らは、このように幕府や大名諸家との交渉事を司り、政治情報をはじめとする各種情報の収集を任務としていたことから、大名家の中でも枢要の役職として特別の意味合いを帯びていた。

そしてさらに注目すべきことには、彼ら大名家の江戸留守居役は、他家の江戸留守居役とともに「組合」を構成して定期的に会合をもち、日常的には彼らの間において書面による情報交換をさまざまな形で行っていたのである。

すなわち、大名諸家の江戸留守居役たちは後述するようないくつかの基準に則って、それぞれに定まったグループを構成して会合の機会を設け、先例・作法の問合わせや政治情報をはじめとする各種の情報を交換しあっていた。これが「留守居組合」と称されるものである。

本書では、彼ら江戸留守居役たちの日常的な活動の様相をながめていくとともに、特にこれまでの御留守居役の研究ではその実態が充分には解明されてこなかった、情報交換組織としての留守居組合に焦点を合わせて分析を進めていくことを課題としている。

すなわち将軍のお膝元である江戸において、諸大名の外交官が「組合」を設けて情報交換を行っているという事実は、ある意味では、それだけで一つの政治的な事件であるということができるかもしれない。

本書ではこの留守居組合の構成のあり方と政治的な機能を、具体的な事例をなるべく数多く紹介しながら明らかにしていきたいと考えている。

本書の構成

なお本書の構成について一言しておくならば、はじめの「江戸留守居役と留守居組合」の章は江戸留守居役の基本的な職務内容と、留守居組合の構成およびその変遷の歴史をたどっている。次の「江戸留守居役たちの情報交換方式」の章では、もっぱら留守居組合における情報交換に際して用いられる情報媒体の種類とその性格、情報交換の方式について論じ、そして最後の「江戸留守居役・留守居組合の活動」の章では、留守居役および留守居組合の活動の実態を明らかにすべく、具体的な事例に基づいて、その分析検討を進めている。

本書の構成は以上のとおりであるが、前の二章は制度的な説明が多いので、やや退屈に感じられるかもしれない。近世武家社会における留守居役および留守居組合の多彩にしてダイナミックな活動の醍醐味《だいごみ》を堪能していただくためには、あるいは、最後の章から先に目を通されるようにお勧めするほうが適切であろうかとも思っている。

江戸留守居役と留守居組合

その制度史

江戸留守居役とは何か

江戸留守居役の身分と地位

二つの「江戸留守居役」

大名留守居役を研究する際に注意しなければならないことは、大名諸家には通常二種類の留守居なる役職があったという点である。

一つは、大名不在の際に居城や江戸屋敷の守衛・統括を主務とする軍職であり、家老・重臣といった上席者が任ぜられるのを通例としていた。幕府の役職の中に御留守居役というのがあるが、それは将軍の遠征ないし出向時に江戸城の守衛を任務とするものであって、諸大名家における第一の意味での留守居役に相当している。

いま一つは本書の対象とする留守居役であり、幕府や他の大名諸家との交渉・連絡を専門職務とする非軍事的な外交官としてのそれである。彼らは大名家（藩）において中堅クラスを構成していた物頭《ものがしら》・平士《ひらし》といった階層の者から選任されるのが通例であった。大名家（藩）の規模にもよることであるが、知行高にして二〇〇〜三〇〇石あたりの階層と考えてよいであろう（『落穂集』巻五「留守居役始の事」）。

この留守居役の身分がどのようなものであるかを明らかにすることをも含めて、ここで近世の大名家（藩）における身分のカテゴリーとその序列について概観しておこう。

大名家臣の身分階層

近世社会における大名家（藩）内部の身分類別は、それぞれの大名家によってさまざまであり、類別の区分もそれらの名称も一定ではないけれども、基本的な類別と序列は次のような形をとっている。

藩主（大名）―一門・家老―組頭《くみがしら》（番頭《ばんがしら》・中老《ちゅうろう》）―物頭《ものがしら》―平士《ひらし》（番士・組士）（以上、御《お》目見《めみえ》以上。以下、御目見以下）―徒士《かち》―足軽《あしがる》―中間《ちゅうげん》・小者《こもの》

大名家（藩）の家臣というものは、いずれの大名家の場合にあっても、平士以上の上級武士と、それ以下の下級武士に二分される。藩主（大名）への直接の拝謁（「お目見え」）

ができるか否かがメルクマールとなるのである。

平　士　ここに平士というのは、もっとも標準的な武士であり大名家臣である。理念的に表現するならば、自身は騎馬で行進し、若党《わかとう》や槍持ち、荷物持ちなどの従者を若干名引き連れているような武士を指している（しかし馬一匹を常備することは大いに物入りであったことから、多くの平士は実際には無騎馬である）。

彼ら平士は軍制上の基準に従って、だいたい二〇人ほどずつ組別に編成され、組頭の支配に属する。この組頭は大名家によっては番頭とも称され、また幕府のように組頭の上にさらに番頭を置くところも見られる。いずれにしても各大名家において家老・重臣というように併称するときの重臣とは、このような組頭（番頭）の階層の家臣を指している。彼らにはしばしば中老といった身分名称が与えられている。

物　頭　これに対して物頭というのは、下級家臣である徒士・足軽の統率者の意味である。徒士も足軽もともに歩行士であるが、徒士はもっぱら槍を武器とし、足軽は鉄砲・弓・旗を担当する。これら徒士・足軽は数十名ずつ組別に編成され、それぞれ物頭に預けられてその指揮を受けることとなるのである（大名家（藩）の家臣の身分については拙著『近世武家社会の政治構造』（吉川弘文館、一九九三年）第五章以下を参照）。

物頭の階層的地位は組頭（番頭）より大きく下がる。世襲の物頭身分の者もあるが、多くは平士の中から勤功の優秀なものが抜擢《ばってき》されて一代限りこの身分に昇格するというような扱われ方をする。

たとえば本書の主題である江戸留守居役という役職についていうならば、この役職の相当身分が物頭であるような大名家の場合、一般の平士身分の家臣が勤務良好のゆえをもって江戸留守居役に抜擢されるにあたっては、まず彼の身分を平士から物頭に昇格させ、そのうえで江戸留守居役に任命するといったような措置がとられるわけである。

この場合、物頭の身分にふさわしく徒士・足軽が預けられるのが本来であるが、ただ格式の上においてのみ物頭の待遇を許されるといった形のほうがむしろ一般的であったといってよいであろう。

留守居役についてはしばしば、「御馬廻《おうままわ》り」から任命されたなどという記録を目にするが、この御馬廻りとは藩主（大名）の周囲に詰める旗本部隊を指しており、身分的には組頭の下に組編成されている平士（番士・組士）と同等である。ただ江戸留守居役は平時において藩主の補佐者として活動すべき任務があるところから、軍事編成上の親衛部隊である御馬廻りの者から選任されることが少なくないのであろう。

留守居役の職名と通称

さて先述の二種類の留守居役のことに話を戻すと、この二種の留守居役がともに存在している大名家（藩）においては、これを区別すべく、本書が対象としている第二の外交官としての留守居役のことを聞番《ききばん》・聞役《ききやく》・公儀《こうぎ》使《つかい》・御城《おしろ》使《つかい》などと呼んでいた。だが、それにもかかわらず、これらに対する世間の一般的呼称はやはり「留守居」であった。

たとえば近世初期に長州藩毛利家の留守居役（同藩では「公儀人」と称せられる）を勤めた福間彦右衛門の日記『福間帳』（山口県文書館・毛利家文庫蔵）を見るならば、幕府老中からの召集によって公儀人である福間自身が出仕した記事について「諸家留守居、残らず罷《まか》り出で候」（『福間帳』寛永一二年〈一六三五〉一一月一五日条）とか、「一、阿部豊後殿（老中、阿部忠秋）へ諸家留守居一同に参上」（同一六年九月一九日条）などといった表現を目にするのである。

また幕府の側でも幕令を諸大名に伝達するに際して、「そうやう（惣様）の留守居ども」に対して出頭を命じる旨を述べているのであり、大名諸家における彼らの正式の役職名とは関係なく、近世初頭から彼ら外交担当役人の一般呼称として「留守居」なる語が用いられていたわけである。

彼ら外交官が何故に「留守居」と称せられるにいたったかの事情については、次のように考えられるであろう。そもそも幕府との折衝・連絡は本来的には第一種の留守居役、すなわち大名不在時における江戸藩邸の統括者たる江戸留守居家老の職掌であった。幕府法令や幕命の受け取り、大名家（藩）側からする願書や伺《うかがいしょ》書の幕府への提出は、基本的に彼らの任務であった。

しかしながら幕府との平生の事務連絡については留守居家老が自身で勤めることはしだいになくなっていき、幕府との折衝・連絡を専門職務とする聞番・公儀使と呼ばれる役職の者に代替されていった。これが彼ら外交専門役人を世間の一般呼称として「留守居」と呼び慣わすにいたった背景なのである。

「留守居」の職名化

ところがこの「留守居」の呼称をめぐっては、さらにいま一つ複雑な問題がある。それは聞番・公儀使などの職名を与えていた大名家においても、近世中期ごろになると、しだいに彼ら第二種の留守居役の役職名を正式にも「留守居」と改めるようになっていったということである。社会的な呼称に合わせるように自家での正式職名としても、これを用いるようになったのである。

これを鳥取藩池田家のケースについて見てみよう。第一種の江戸留守居役について同家では、同家の身分序列における最高格式たる「着座《ちゃくざ》」（一門・家老クラス）の身分の者でこれを勤める場合には「江戸留守居家老」、番頭の身分の者から任命された場合には単に「留守居」と呼び、いずれも江戸屋敷の取締り、内外諸般の用向きに対する統括責任を職掌としていた。

これに対して幕府や他家との事務的連絡・交渉に携わる役職の者は「聞役」と唱え、こちらは物頭クラスの者から任ぜられていた。

これが近世中期、遅くとも宝暦年間（一七五一〜六四年）になるとこれらの職名に変更を来たし、後者の方が正式職名としても「留守居」と称されるようになり、前者は単に「御留守詰」と呼ばれてこれと区別されるにいたるのである（『鳥取藩史』第二巻「職制志」）。

他方では長州藩毛利家の「公儀人」、加賀藩前田家の「聞番」などの職名は幕末まで残ったようであるが、これらはむしろ少数事例であって、多くの大名家においては近世中期以降になると、彼ら第二種の留守居役を正式職名としても「留守居」と称するようになっていったのである。

このように本書で取り扱おうとしている留守居役なるものは、複雑な呼称と制度の転変の歴史をもっている。それゆえに、この二種の留守居役を混同しないように注意深く研究を進めていかなければならないのであり、史料にその名が出てきたときには前後の文脈を丹念に読み込むことによってそれを見極めていかねばならない。

一般には両者の職務内容の差、身分家格の等級などによってこれを判別していくわけであるが、一番大きな拠りどころとなるのは、江戸時代中期以降において毎年発行されていた『武鑑《ぶかん》』（須原屋版、出雲寺版）である。その「御城使」の項目に記されているのが、本書の対象となる第二種の留守居役に他ならないのである。

江戸留守居役の職掌

このような江戸留守居役について、その職掌を立ち入ってながめるならば、以下のようなさまざまな性格のものがある。

(1)　公儀勤め

江戸留守居役の任務の中心をなすのは、以下に掲げるような幕府との関係から生じる各種の事項であった。

幕命や幕府法令が発せられたとき、これを自己の大名家（藩）に伝達するのは江戸留守居役の職務のもっとも基本をなしている。

幕命・幕府法令の受容・伝達

幕命・幕府法令の受容といっても、さまざまなケースがある。初期には江戸城中ないし、和田倉門外の辰《たつ》の口にあった幕府評定所《ひょうじょうしょ》に大名諸家の留守居役を召集し、幕府老中より幕命・幕府法令を伝達した。元禄ごろになると、江戸城西の丸下（通称「西下」。今日の皇居前広場）にあった、幕府老中の官舎である老中役宅に彼らを召集して伝達する形が一般的になってくる。幕命や幕府法令は初期には口頭伝達されることもあったが、重事では老中奉書が用いられ、後には簡略化された書付《かきつけ》（老中御書付・老中申渡書など）に令文が記されて交付されるようになった。

一八世紀の享保期以降になると、老中が直接にそれらを伝達することは少なくなり、老中から交付された示達の書付・触書《ふれがき》を、幕府大目付《おおめつけ》によって廻状の形式で諸家留守居役に伝達していくような形が支配的になっていく。法令伝達の効率と迅速化を求めたことの帰結である。

幕令の解釈者

留守居役は最初は、発布された幕令を自己の大名家に持ち帰るだけのメッセンジャーボーイにしかすぎなかった。しかし、本書最後の章の具体的な事例で詳しく見ることになるけれども、彼らはしだいに幕令の内容に関する解釈者としての性格を帯びるようになっていくのである。

その法令が発布された政治的背景はどのようなものであるのか、幕府の真の狙いが奈辺にあるのか、過去に発布された同種法令との字句の微妙な違いは何を物語っているのか、他の大名家（藩）ではその法令をどの程度の重みをもって受け止めているのか、指示されている施策は自己の領内において、どれほどの頻度と精密さをもって励行するのが妥当なのか、等々に関する判断が、彼ら留守居役の重要な役割となっていくのである。

さらに、それぞれの問題に対する他家の動向についての情報を把握することもまた不可欠の課題となってくるのであり、留守居役はこうして単なる走り使いから、幕令に対する自己の判断・所見を添えて自家にこれを伝えるような権威ある専門的な解釈者として立ち現れてくるのである。

すなわち、たとえばキリシタン禁圧の一環として宗門改めの励行を命じた幕令が発布されたようなとき、それは各地の領内において具体的には年間にどれくらいの頻度で施行されるのが妥当であるか、他の大名家においてはどのような方法と徹底性（あるいは逆に、通り一遍の表面的措置）をもって臨もうとしているのか、などについて広く情報を収集する必要がある。また過去に発布された幕令との比較分析を通して、幕府の意図や実効性についての期待の度合いを観察し、これらの検討を広く施したうえで、留守居役は自己の所見を添えて各自の藩に報告するのであった。

そして執政ら藩当局は、当然のことながら、この留守居の所見を深く考慮したうえで自藩の行動を決定していかざるをえなかったのである。留守居が無能であったり、情報把握に手落ちがあったならば、たちまちに藩政の運営が迷走しかねなくなってしまうところに、彼らの存在の重要性が如実に示されていた。

各種上申文書の管掌

幕令の伝達とは反対に、大名家（藩）の側から幕府に対して差し出す各種の上申事項がある。たとえば大名の隠居や家督相続、婚姻、病気療養のための湯治、城郭の普請などに関する出願。参勤交代の旅程の変更、領内の重罪事件の処置方、幕令の具体的な運用方法、などの処置方に関する伺い。飢饉・水害時における領内の被害状況、領内で発生した幕臣や他藩の家臣の刃傷沙汰《にんじょうざた》、領分を異にする農民たちの間で引き起こされる民事・刑事の裁判に関する幕府への届け出、等々といった各種の問題である。

これらはほとんどの場合、書面をもって行われるのを常としており、大名家側において願書・伺書・届書などそれぞれのケースに応じて各種の文書が作成され幕府に提出される（その文書の諸類型については拙著『近世武家文書の研究』を参照されたい）。これを留守居役が幕府老中のもとに持参するのである。ここでも留守居役は最初は単なる書面の持参者でしかないのであるが、しだいにこの上申問題でのスペシャリストとなっていく。

すなわちこれら願書や届書が幕府において円滑・有利に取り計らわれるためには、どのような措置を講ずるのが得策であるかを探究し、発見していく実務技術に長《た》けた専門官となっていくのである。

そしてそのような探索の中で、彼らはこれらの願書や伺書に、それらと類似案件に関する自家・他家の先例書を添付しておくのが幕府側の許可を取り付けるのに格段に有利であることを知るようになる。また幕府老中の側より先例の挙示を求めるケースもあった。

先例の探索

こうして諸家の留守居役たちは許可をスムーズに取り付けるために、自家より幕府に提出する願書・伺書に先例書を添付するのを常とするようになったのであり、この先例を探索してくることが留守居役の重要な仕事となったのである。

先例書の一例を挙げてみよう。これは信州の松代藩真田《さなだ》家のケースであり、幕末海防問題が切迫していた弘化二年（一八四五）に、江戸屋敷内における鉄砲稽古の許可を幕府に求めた事例である。幕末とはいえ、江戸府内における鉄砲使用は幕府の忌諱《きい》に触れかねない重要問題であり、一歩対応を誤ると取り返しのつかぬ事態を引き起こしかねないであろう。そしてそもそも、このような江戸府内における鉄砲使用は許可されうることなのであろうか。このようなときに、先例書が実に有効に機能するのである。

深川小松町下屋敷において、毎年四月朔日より七月晦日迄、鉄炮稽古仕《つかまつ》らせたく存じ奉《たてまつ》り候《そうろう》、この段、伺《うかがい》奉り候、以上

十月十三日　　　　真田信濃守

例　書

下谷箕輪《したやみのわ》下屋敷において、毎年四月朔日より七月晦日迄、鉄炮稽古仕らせたく存じ奉り候、この段、伺奉り候、以上

四月二十七日　　　　大関土佐守

右の通り、文化十二亥年四月二十七日、御用番土井大炊頭《おおいのかみ》様ぇ差し出され候ところ、勝手次第たるべく候、玉目の儀は百目を限り候様致すべき旨、五月十八日、御付札《つけふだ》相済み候由に御座候、以上

真田信濃守家来

十月十三日　　　　　　　　　　　　　　　　　　　藤田繁之丞

（真田宝物館蔵、真田家文書『御留守居方日記』弘化二年一〇月一三日条）

これは江戸深川小松町にある松代藩の下屋敷において鉄砲稽古を行いたい旨を、藩主真田信濃守（幸貫《ゆきつら》）の名前をもって伺い出ているわけである。そしてこの伺書には、松代藩留守居役である藤田繁之丞の名前で「例書」が添え状として添付されており、そこに三〇年以前の文化一二年（一八一五）四月に、黒羽藩の藩主大関土佐守（増業《ますなり》）から同様の案件で幕府に伺い出、そして許可を取り付けた先例が記されているのである。

すなわち大関家では文化一二年四月二七日に、幕府の四月の月番担当である老中土井利厚に伺書を提出したところ、同五月一八日に、下屋敷での鉄砲稽古は自由であること、ただし銃弾は百匁玉を限度とすべき旨の回答許可の「付札《つけふだ》」が、伺書に添付されて大関家の下に返進されてきたという先例事実を指摘しているわけである。

ちなみに「付札」というのは一般に付箋を意味する言葉であるが、諸大名から幕府に伺書を提出したとき、幕府老中はその伺書の紙面の奥上部に小紙片を添付して、許可や具体的な指図の内容を記して大名側に返却するという手続きをとるのであり、ここではその回答付箋のことを指しているのである。

真田家では、この大関家が老中の許可を獲得した文化一二年の伺書を先例の証拠資料として提示し、これによって幕府の許可を得ているのである。鉄砲問題は幕府政治の最重要事項の一つであるが、先例の証拠さえ明白であれば、その許可はいとも簡単に獲得することができたということである。この先例を挙示できなければ、真田家の伺いは却下されるか、棚上げされたままであったかもしれない。

先例ということについて今一度、右の事例を見たとき、真田家から提出している伺書の文言が、大関家のそれとまったく同型に構成されていることに気がつかれるであろうか。先例の文書というのは、その案件の内容上の先例であるだけでなく、文例としての先例でもあったのである。

この案件において、大関家の先例から導き出される本問題の構成要件は、「鉄砲稽古」「江戸下屋敷」「四月一日より七月晦日」の三つである。そこで真田家の伺書は、この三条件での許可を要請するとともに、その伺書の文言まで大関家のそれを忠実になぞらえるように作成しているのである。つまり内容上の条件と文言との、両面での完全なる先例準拠をもって申請に万全を期したのである。

そして幕府の側としても、幕府の正式の許可を取り付けた確実な先例資料を証拠として提示された以上は、当該案件を受け入れざるをえなかった。それを拒否することは幕府政治の否定につながることになってしまうし、幕府政治が先例準拠を原則としていたことからしてもそれは当然の帰結であったといってよいであろう。

先例主義というと、いかにも退嬰的な響きがするのだけれども、しかし幕藩体制のような厳しい政治の世界に即して見るならば、それは将軍や幕府が、その強大な権力を背景にして、その時々の都合による恣意的な判断によって政治を行うのではなく、あくまでも確実な証拠資料の存在に基づいて物事の是非を決定していくような政治形態を意味したのである。それは将軍や幕府による権力の乱用を抑止して、政治の決定を客観的かつ公平に運用していく効果をもたらしていたという点において、むしろデモクラシーの発達の観点から充分に評価できるのではないかと考えるのである。

さて以上に見てきたように適切な先例の挙示は、大名家にとって直面している案件の許可を獲得するために枢要の課題となり、これの探索を任務とする留守居役の政治的意味は格段に上昇することとなった。

先例は自家のものが好ましいけれども、同格の他家の先例もまた有効であった。もちろん、右の事例のように真田家一〇万石にとって格下である大関家一万八〇〇〇石が許可を受けたような先例が有効であることもいうまでもないであろう。当面する問題と諸条件において同型の、そして同格他家の先例を探索し発見してくることが留守居役の重要な任務と位置づけられ、その力量の問われるところとなったのである。

留守居役はここでも単なるメッセンジャーボーイから、大名家（藩）の活動、藩政運営の成否を決するキーマンとしての意義を担うこととなった。

藩主登城の随行

江戸留守居役の公儀勤めの今一つ大事な任務は、藩主が月次《つきなみ》、五節句などの将軍への拝謁のために江戸城へ伺候する際にこれに随従し、藩主を補佐してその規式作法に遺漏なきを期するという点にあった。

留守居役は幕府内部の事情に明るく、規式作法の先例についても、またその時々の事柄の手順に関する詳細についても幕府側責任者に入念に問い合わせて心得ており、また他の大名諸家の行動についても留守居組合を通してあらかじめ承知しているなどのことからして、これら諸々の観点において留守居役は藩主の公儀勤めの補佐役として最適であるということができた。

そこで留守居役は藩主の江戸登城に随従するのを常としていた。将軍への拝謁儀礼に関わる複雑な所作、儀式の種類と本人の官位・年齢によってさまざまに異なる衣裳、献上物の種類やその献上作法、そして座順といった多岐にわたる煩瑣な問題を無難にこなしていくためには、これら規式に通暁している留守居役を必須のものとしていた。

あるいは江戸城にいたる道筋においてであれ、本丸御殿の廊下においてであれ、他の大名や旗本、さては幕府重職の人間などと行き会ったときの挨拶の仕方は大変に難しいものであった。相手の人間がいったい誰であるかの確認といった根本的問題から始まり、その身分・役職・年齢、等々を見極め、自己との相対的な尊卑の関係を把握したうえで、相手に対して適宜の礼を行わなければならなかった。

礼を失すればもとより災を招くことは必至であったが、さりとて必要以上に卑下することは、自家の家格を貶めることにもなりかねない、というディレンマを抱えていたわけである。

それゆえにこれらの路頭礼節・殿中儀礼をめぐって落ち度なきを期するために、有能にして機敏な留守居の補佐を必要としたのである。

殿中での留守居役

さて、藩主が殿中（通例は本丸大広間）で将軍に拝謁している間、留守居役は本丸御殿において供侍が控える「蘇鉄《そてつ》の間」で藩主の退出を待つ。

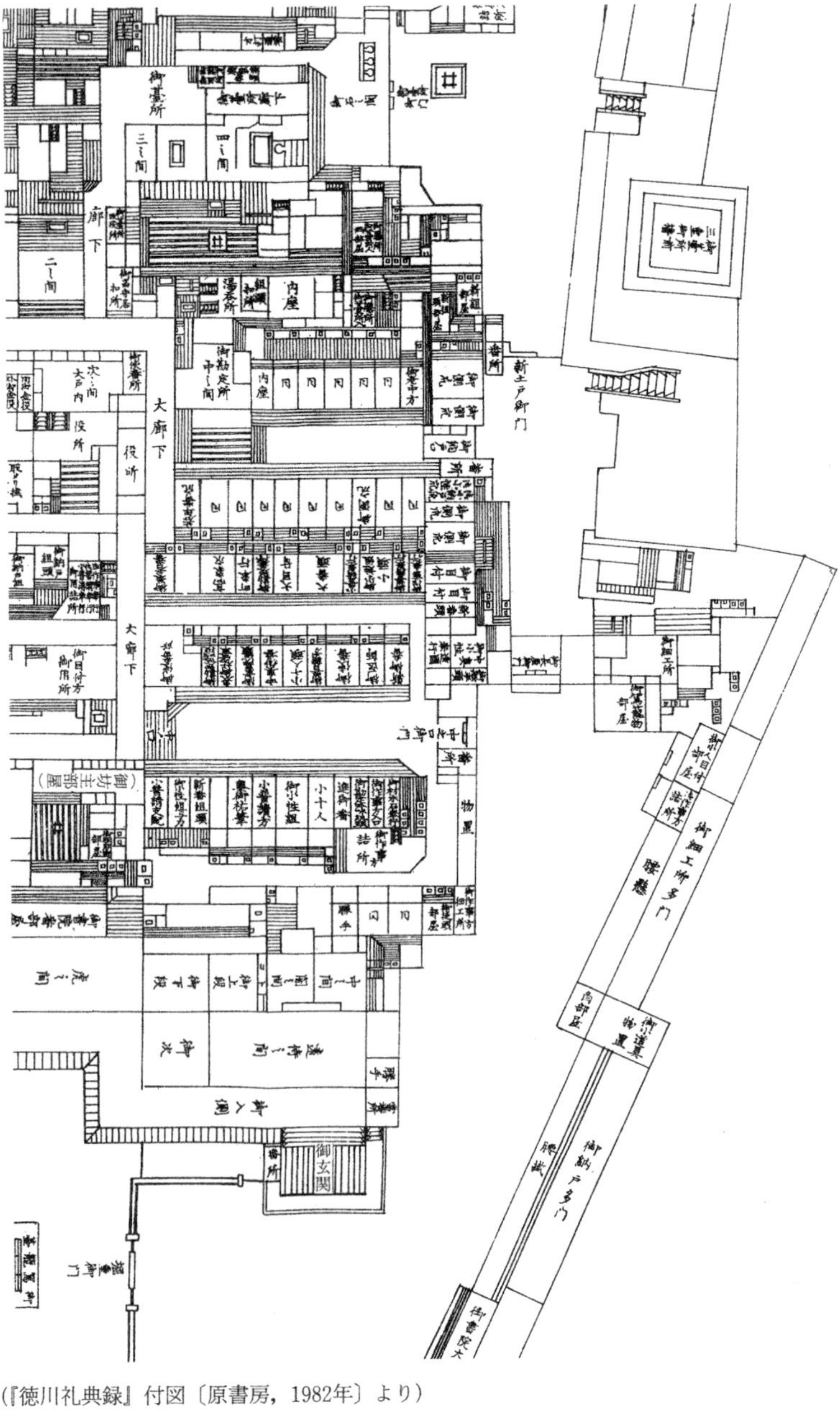

(『徳川礼典録』付図〔原書房，1982年〕より)

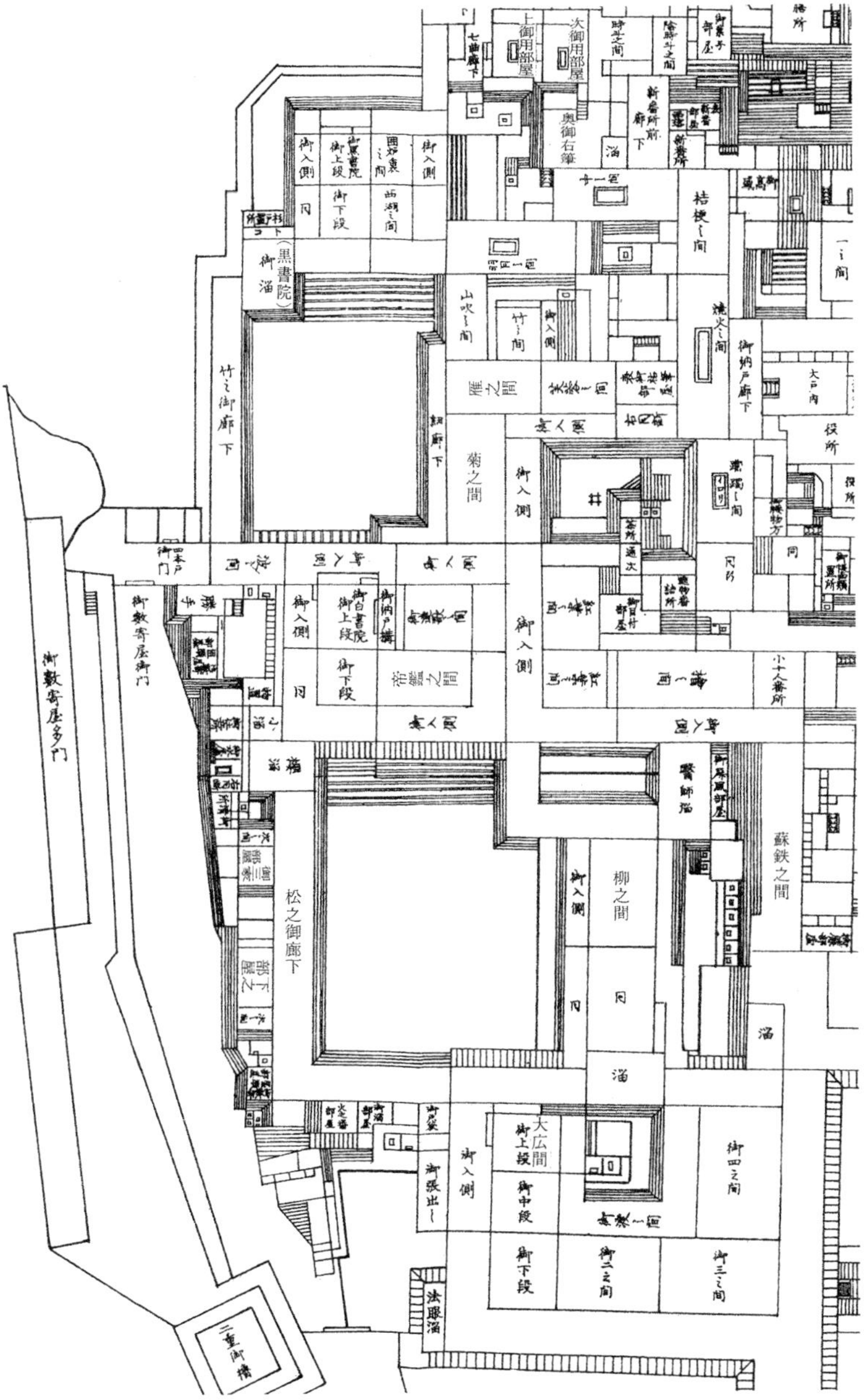

上御用部屋
次御用部屋
奥御右筆
（黒書院）
竹之御廊下
雁之間
菊之間
帝鑑之間
柳之間
蘇鉄之間
松之御廊下
下之部屋
大広間
御數寄屋多門
御數寄屋御門
二重御櫓
法眼溜

図１　江戸城本丸御殿図

ところが、この蘇鉄の間に控えているはずの留守居役は、江戸城殿中に入ったせっかくの機会を無駄にすることはできぬとばかりに、周囲の幕府役人、とくに自己の江戸藩邸にも出入りしている親しい御坊主衆などに接近して幕府内部のできごとを嗅ぎまわるのを常とした。

幕府側もこれには神経質になり、留守居役の登城禁止令が繰り返し発せられることとなった。早く寛文三年（一六六三）の幕令で、大名家臣の江戸城中における進退作法を規定して、諸大名の留守居役が坊主部屋に出入りすることに警告を発している（『徳川禁令考・前集』二三九九号）。

留守居役の登城が禁ぜられた最初は、最後の章の〔事例6〕に述べるところであるが、貞享三年（一六八六）の越前松平家の改易《かいえき》処分に関する情報が、幕府の坊主衆から諸大名の留守居役へ事前に漏洩された事件によるものであった。

この情報漏洩事件があってより留守居役の江戸城への登城は停止されていたのであるが、留守居役の随従なくしてはどうしても不都合を免れないという事情から、宝永二年（一七〇五）八月になって留守居役の江戸城随行が許可されている（『徳川禁令考・前集』二四〇一号）。しかしそれもまた、享保年間に入って留守居役および留守居組合の活動が幕府によって問題とされ、享保九年（一七二四）にはふたたび藩主登城時における留守居役召し連れが禁止されている（国立史料館（国文学研究資料館史料館）所蔵・蜂須賀家文書『御旧記書抜』）。

禁止と容認の繰り返し

この留守居役の江戸登城の禁止と容認との繰り返しは、この留守居役なる存在の複雑な性格を物語っているようである。幕府にとって、それは幕府の施策を諸藩に伝達し浸透させていくうえにおいては有効な媒介者であり、また直接には、藩主たちの江戸城中における進退作法を滞りなく遂行するために不可欠な存在ではあるのだが、反面では幕府の思惑を越えて、幕政の機密にわたる情報を遠慮なくつかみ出しては、競って世間に流布してしまうような不作法者でもあったのである。

いずれにせよ、このような留守居役の登城禁止と容認とを繰り返した後、結局のところ、いつしか従前のごとく藩主の江戸城登城に同道することが復活していた。幕末の佐倉藩の江戸留守居役を務めた依田七郎（学海）の覚書によっても、藩主に先立って江戸城に登城する先務めを行っていたことが窺い知れる（白石良夫『最後の江戸御留守居役』）。

留守居役の公儀勤めの一つに、自藩の領内において発生した事件にして幕府に関わる問題で留守居役が携わらなければならないものがある。

幕府奉行所との折衝

一般に特定の大名の藩領内で生じた刑事・民事の事件および訴訟については、その大名に裁判権・事件捜査権および刑罰執行権といった包括的な管轄権があり、幕府がこれに関与することはなかった。しかしその領民が藩役人による裁判を不服として幕府に越訴《おっそ》してきたような場合、あるいは事件・裁判が他領他支配の人間との関係にわたって発生していたようなケースにあっては、それらは幕府の裁判所に移管されねばならなかったのである。

そして江戸留守居役は、こうした幕府に提訴してきた自藩の領民の付添い役として、彼らに同道して幕府裁判所に出頭しなければならなかった。幕府裁判所は事案の性格にもよることではあるが、一般的には評定所ないし寺社奉行所などであった。

入会地《いりあいち》や新田開発をめぐる民事紛争は、他領農民との係争事件であるのが通例であり、この幕府裁判所で展開される他領農民との民事裁判においては大名家（藩）としても全力をあげて自藩の農民の裁判活動を支援しなければならなかった。留守居役は彼らに同道して幕府裁判所に出廷し、自藩領民の訴訟を助け、また幕府役人や相手藩の留守居役と交渉しつつ、他面では自藩領民を説得もしつつ、裁判全体を満足いくような方向へと導いていかなければならなかった。

これら領域の境界紛争に関わる裁判は、そのほとんどが和談内済で決着をつけられる慣例であるから、担当者の交渉力に依存するところが大きく、それゆえに、留守居役の力量の問われるところでもあった（これに対して、刑事裁判は「吟味物」と称して幕府裁判官の職権による審理が進められるから、留守居役は幕府から召喚された自藩領民の付添い者として行動するのみであった）。

(2)　他大名家との交際

侍臣としての留守居役

江戸留守居役は公儀勤め以外の局面でも、藩主の侍臣《じしん》として振舞うことがあった。藩主の大名諸家との交際においても、留守居役は少なからぬ役割を果たしていた。

もとより本書で詳述するように、留守居組合の場における他家留守居役との交際は彼らの政治機能のうちのもっとも重要な属性であったが、それを別にしても、留守居役は藩主の侍臣として大事な存在であった。

彼らの役割の一つが、「奉札《ほうさつ》」の発給であった。奉札とは藩主の意命を奉じて侍臣が他者に送付する書状などをいう。奉札は留守居役だけでなく、相手側の大名の身分や親疎の別に従って家老・用人クラスの人間もこれに携わっていたが、やはり留守居役の受け持つ範囲は圧倒的に広かった。奉札の様式およびその報知の内容については次章で詳しく論じよう。

大名家の交際の局面で留守居役が前面に出てくるのは、婚姻や養子縁組などのケースである。嫁や養子となる人物の引き移りの段取りや、結婚披露の式次第などに関する事前の打ち合せと調整が、双方の大名家の留守居役の役目ということになる。ここでは先例が取り調べられ、双方の親類書が作成され交換されていた。

諸問題の折衝役

大名二家間における諸問題の折衝にあたるのも、双方の留守居役の役目である。明暦《めいれき》大火後の屋敷再建に際して、作事用材木の融通に関する相談が阿波藩蜂須賀家と杵築《きつき》藩小笠原家との双方の留守居役どうしの間で行われている。また大名の江戸屋敷地の変更に際して、蜂須賀家と肥後藩細川家の双方の留守居役たちの間で交渉がもたれているという事例を挙げることもできる（前掲『御旧記書抜』明暦三年〔一六五七〕三月条、寛文元年〔一六六一〕六月条）。

また前項に述べたように、双方の藩領の領民どうしの間に発生した係争事件の管掌も留守居役に属していた。入会地の帰属や河川敷の開発権をめぐる境論《さかいろん》や水利の権利を争う水論に際して、江戸の幕府への出訴ということになると、双方の藩の江戸留守居役がそれぞれの領民の介添え役として幕府の裁判所に出頭することとなる。

そしてこれら境論や水論などの論所《ろんしょ》と呼ばれる民事紛争では、幕府が自ら裁定を下すことはなく、現地の慣行を尊重したうえで、当事者間での話し合い解決が命ぜられた関係から、双方の江戸留守居役の間で訴訟のすすめ方についての協議が行われるのである。

論所ではないが、A藩領の人間がB藩領を旅行中に変死をしたというような時、その通告の手続きはB藩の現地からA藩へ直接にもたらされるのではなく、B藩の国元役人からその江戸留守居役に連絡が行き、江戸留守居役どうしの間で問題処理の仕方について協議をし、その結果がA藩の国元役人に伝えられるという形をとっている。

このように藩領の国元で生起した事件であっても、手続き上で江戸留守居役が関与するものが少なからず見られるのである。

(3)　各種情報の収集

一般的情報の収集

留守居役はもともと聞番・聞役とも称せられていたように、情報収集の活動は彼らの任務の根幹をなしていた。そしてそれは、すでに述べてきた彼らの公儀勤めや他家との交際といった職務と不可分の関係にあったということができよう。

ただ留守居役という役職の発生の観点からしたときには、前項で述べたように、この役職は本来的には二種のものが融合して形成された経緯がある。公儀勤めなどは本来的には第一種の家老・番頭クラスの上級家臣の職務であった。これに対してこの各種情報の収集という任務は、それとは別の聞番と称せられる物頭クラスの家臣のそれであり、その情報収集の任務は前述の公儀勤めや他家との交際などとはいちおう別の職務機能として形成されてきたのである。

彼ら留守居役たちが収集の対象とする情報の種類はといえば、それは世上のありとあらゆる事象に及んでいた。前述したような幕政の動向や幕府役人の人事などはもとより、大名家の御家騒動の風聞、路上での喧嘩・刃傷沙汰、遠国での百姓一揆、飢饉・風水害、火山の噴火、海難事故、そして果てはどこそこの大名嫡子が改名したとか、双子の出産があったとか、等々の些事にいたる世の万般の事項にわたっていた。

表1は阿波藩蜂須賀家において一七世紀中ごろの承応〜寛文年間（一六五二〜七三）において、同家の留守居役が入手してその執政方に報告してきた世上の各種情報をまとめた一覧である。これによっても大名家（藩）における情報収集の対象が多岐にわたっていたことが了解されるであろう。

彼ら留守居役が把握する情報の種類はこのように、きわめて広い範囲におよんでいた。そしてさらに後述のように、諸家の留守居役たちによって構成される留守居組合の制度が確立をされてくると、これら入手された諸種の情報は、廻状などの形式をもって組合内で相互に報知されることとなり、留守居役たちによる情報収集活動は一段と活発なものとなっていくのである。

この留守居廻状による情報伝達の具体的な様相については次章（「江戸留守居役たちの情報交換方式」）で詳しく見ることとしたい。

幕府関係の情報収集とルートの扶植

幕政の動向に関するものであれ、幕閣や幕府役人の人事に属するものであれ、幕府関連の情報は、それがそれぞれの大名家の利害に直接関わるところがあるだけに、その把握には留守居役たちがもっと

表1　阿波藩蜂須賀家の留守居役による情報収集（承応〜寛文年間）

日付	内容
承応元年（一六五二）一〇月一六日	別木庄左衛門事件とその捕縛者の名前
二年（一六五三）一月二一日	将軍家綱の日光参詣は秋に延引かとの下々の風聞
三年（一六五四）八月　五日	蜂須賀江戸屋敷内に公儀の小道を引き入れる件の町奉行への可否伺い
――	上野木喰浄雲上人の大仏建立につき諸大名より勧化金奉加
一二月一九日	後光明院法事につき諸大名より恩赦人数報告。美作藩森家以外は書き上げなく、蜂須賀も書き上げず
明暦二年（一六五六）五月二三日	大坂の偽金造りの一味を阿波領国で逮捕、幕府に報告。幕府より死罪を免じて御国の奴となすよう命ぜられる
八月一一日	京極騒動。京極丹後守より留守居役関助太夫をもって蜂須賀家に対し、京極安知斎と京極飛騨守との確執について相談
九月一〇日	京極家の内紛は幕府元老の井伊直孝・保科正之の肝煎りで和解
三年（一六五七）二月――	明暦大火につき諸大名ら上屋敷を幕府に進上申し入れの動き。蜂須賀もこの件で井伊直孝まで申し入れ
二月――	屋敷再建で国持大名も三間梁以下とすべしとの幕府制法の趣旨は当座のみならず永制たること。井伊への問い合わせに対する回答
三月――	豊後杵築藩小笠原家留守居役の武市仁左右衛門より蜂須賀留守居

		役に対して作事用材木の合力を依頼
	三月――	蜂須賀飛騨守、幕府より詰衆並に命ぜられ合力米三千俵下賜
	六月――	井伊直孝よりの書状。蜂須賀留守居役三浦次郎右衛門に蜂須賀江戸屋敷の作事を申し渡したる旨
	七月――	旗本水野十郎左衛門、伴随院長兵衛討ち果たし一件。町奉行石谷将監よりの背景説明と訓告
四年（一六五八）	七月――	蜂須賀帰国御礼献上物の件、留守居役畠助左衛門より老中松平伊豆守に問い合わせ。伊達・上杉の留守居役に照会の指示
	七月二四日	京都留守居役よりの報告。京都で万治と改元の旨
万治元年（一六五八）	九月――	阿波領内の橋掛け替えの大普請の件で幕府に伺出るべきや否やを、老中松平伊豆守まで内証問い合わせ
	閏一二月　六日	造酒米半減令。諸家留守居役の見解、および井伊直孝の指示
三年（一六六〇）	七月――	江戸留守居役より国元への言上。大坂城落雷炎上につき将軍への御機嫌伺いの使者を老中まで遣わしたる旨
	七月一九日	伊達騒動。伊達綱宗閉門をめぐる風聞。蜂須賀よりも昵懇の旗本衆に問い合わせて情報確認
	七月二〇日	将軍側衆久世広之より蜂須賀に書状。伊達綱宗逼塞の事情説明
	七月――	国姓爺一件。台湾ゼーランド城攻撃をオランダ船より報告の和解写。筑前藩黒田家より幕府に注進の写を小倉藩小笠原家を通して入手
	九月二八日	旗本関兵部氏盛よりの見聞情報。三浦志摩守家来医者のせがれ、

日　付	内　容
	詐欺一件で捕縛。伊達家の小石川普請、夏の雨風にて崩壊、本年中の成就不能。先年、最上家改易と類似の状況のこと、等の旨
一〇月一〇日	佐倉藩主堀田正信、欠け落ち一件
一〇月一四日	堀田正信一件につき、蜂須賀留守居役より将軍側衆久世広之へ事情問い合わせ
一一月一八日	「堀田上野介殿訴訟之覚」全文入手
一一月二七日	伊達家一件。柳川藩主立花宗茂留守居役に事情問い合わせ
一二月二五日	立花留守居よりの情報。立花宗茂、将軍より越年を命ぜらる旨
寛文元年（一六六一）	
二月　三日	敬台院有馬湯治の件で幕府の意向を留守居役より打診。この節、禁中炎上、江戸屋敷類焼等につき出願延引が妥当の旨
二月一九日	旗本水野十郎左衛門、乱心の沙汰。蜂須賀・鳥取池田は水野の縁者ゆえ、両家の江戸留守居役の間で取り扱い協議
二月二九日	京極騒動。京極高国・高広の不和につき蜂須賀留守居より京極留守居への問い合わせと返書
三月　―	京極騒動。同家家老浅井因幡、安智斎高広に異見もせず無理の申し入れを高国に取り次ぐとて召し込めに処したる旨
六月二三日	明暦大火後の諸大名屋敷地の件。蜂須賀留守居役と肥後細川家留守居役と望み地について内証会談。側衆久世広之にも相談
七月　一日	老中稲葉正則宅にて老中寄合。内藤出雲守を召し寄せ、その不奉

		公振り不届きとて閉門申し渡し
	七月　四日	諸家留守居役、評定所に召集。老中・大目付出座のうえキリシタン宗門改めの法度書を交付
四年（一六六四）	五月二五日	幕府御幕奉行松岡十左衛門宅へ養子五郎右衛門ら六名、夜討ちをかける。十左衛門は無事、養父子の不和が原因。しかし世上には深く隠密にていまだ落着の沙汰聞こえぬ旨
	七月　二日	江戸城の坊主山崎長悦、毎度城中の様子を報知につき礼物贈進
	七月　七日	老中酒井忠清嫡子の屋敷作事につき蜂須賀留守居、佐竹・鳥取池田・越前松平・毛利らの留守居役に聞き合わせて音信
	一〇月二一日	老中酒井忠清方にて女子双子出産。酒井は厄年にて隠密の由
	一〇月二五日	京極騒動。京極高国と同姓信濃守との不和。京極留守居より蜂須賀留守居まで報知
	一一月二四日	尾張中納言、近習二、三人、懐妊の女など手討ちとの風聞
五年（一六六五）	二月　九日	日光法会につき参向の方々への餞別。諸大名の並を承合
	三月一二日	日光への諸大名の名代使者。因州藩池田・肥後藩細川では留守居役が勤仕
	八月　九日	伊予西条藩主一柳監物、改易につき、西条領の所務方を幕府より蜂須賀に委任。老中久世広之より蜂須賀留守居に伝達
六年（一六六六）	五月　五日	江戸城にて諸大名に京極家改易の事情説明。蜂須賀は留守居役が名代登城にて幕府より申渡しの書付を受領

も意を用いたところであった。そしてこの幕府情報を入手すべく留守居役たちは日ごろから、さまざまの努力工夫をこらしてその入手ルートの扶植に努めていた。

留守居役が幕府情報を入手するルートとしては、後述の留守居組合を別とするならば、次のようなものがあった。

旗本ルート　第一は、それぞれの大名家に出入りの幕府旗本である。各大名家では日ごろより懇意にしていて、大名屋敷に自由に出入りするような旗本を幾人か有していた。彼らはだいたい一〇〇〇石クラスの先手物頭《さきて》（弓頭・鉄砲頭）や鑓《やり》奉行・旗奉行といったような地位にある中堅の幕臣であった。彼らは大名家において他家との婚姻や養子縁組の問題が起こったとき、その縁組に邪《よこしま》な意図などが含まれてはいないことを保証する役廻りを担っていたのである。

そのような縁組の問題だけでなく、大名側としても日ごろから幕府にあらぬ嫌疑をかけられないように、彼らを屋敷内に自由に出入りさせて幕府に対する恭順の意を表すといったような事情もあった。そしてこの出入りの旗本たちは、しばしば非公式の形で幕府の意向や見解を大名家側に伝達するという役目をも有していたのである。

このような役割をもった幕府旗本であるから、彼らが大名屋敷を訪れたときに、その応接を留守居役が行うのは当然のなりゆきであった。彼ら旗本に酒食を饗応しつつ、留守居役は幕府内部の事情のあれこれを聞き出すことに努めたのである。もとより彼ら旗本の側にあっても、大名屋敷を訪問する以上は、何がしかの情報を手土産に持参しないわけにもいかなかったであろう。それは至極当然の礼儀というものである。

御坊主衆ルート

しかし留守居役にとって、幕府情報の入手ルートとしてより実質的な意義を有していたのは、これまでもたびたび触れてきた幕府の御城坊《おしろぼう》主衆《ずしゅう》であった。彼らは毎日、江戸城中にあって諸役人の部局の間を行き来して仕事を行っており、さらには老中御用部屋にも立ち入り、老中と諸奉行との間で授受されている各種の書類を持ち運ぶ役目を負っていた。あるいはまた、御日記方の書役でもあったから、彼らは城内のできごとにもっとも精通した者たちであった。

諸家の留守居役にとって彼らはこのうえなく貴重な幕府情報の源泉であり、それを入手すべく、留守居役たちは日ごろから彼らと懇意の関係を取り結ぶことに意を用いていた。留守居役たちは前述のように藩主の月次《つきなみ》登城に陪従して江戸城中にいたり、そこで彼らと接触して諸般の情報を得るのである。また坊主衆も大名屋敷の御出入りとなって、彼らの側から幕府情報を携えて屋敷を訪れることもしばしばであった。

表1にも見えるように阿波藩蜂須賀家の場合、寛文四年（一六六四）のこととして、御城坊主山崎長悦なる者が江戸城中の様子を毎度知らせてくれているので、節季の贈り物以外に臨時に礼物を遣わしてはいかがとの儀が留守居役の方面から提案され、塩一〇俵を特別に送った旨が記されている。

会津藩松平家の記録にも、「書役の坊主衆」が松平家の屋敷に日々参上して、幕政の動向から役人人事にいたるまで、江戸城内における諸般の情報を記した「御城書」と称するニュースペーパーを留守居方に提出している旨が記されている（『会津藩・家世実紀』享保六年〔一七二一〕四月一日条）。

また終章の〔事例6〕に述べるように、貞享三年（一六八六）、越前藩松平家において城主松平綱昌は乱心のゆえをもって封地四七万五〇〇〇石が収公され、代わってその養父兵部大輔昌親に二五万石を領せしめられたのであるが、この国持クラスの大身大名の改易《かいえき》減封《げんぽう》という幕政の最重要機密にわたる情報が、事前に幕府坊主衆によって文書に認められて各方面の留守居役たちに漏洩されるという事件があった。

また享保三年（一七一八）のこと、会津藩松平家では昵懇《じっこん》の旗本衆か坊主衆であるか定かではないが、「御家出入の方」より、幕府が隠密目付を全国に派遣する旨の情報を得ている（『会津藩・家世実紀』享保三年閏一〇月二三日条）。このような形での情報流布は日常的なものであったといってよいであろう。とくに幕府の坊主衆から発出される「御城書」の情報的価値には、枢要なものがあったと推測される。

奥右筆ルート　留守居役たちが幕府情報を引き出す第三のルートは、幕政に直接携わっている幕府役人そのものである。留守居役は幕府役人に接触して情報を引き出すべく、料理茶屋などに彼らを招いて参会した。

幕府役人の中でもとくに接待攻勢をかけられて留守居役から執拗にねらわれたのは、老中御用部屋付の秘書官であった奥右筆《おくゆうひつ》および、その長官である奥右筆組頭であった。元文五年（一七四〇）六月には、奥右筆と大名留守居役との会合を禁ずる幕令（『徳川禁令考・前集』九七八号）が出ているが、これらの禁令の存在によってその会合の事実を確認しうるわけである。

同じ幕府の右筆でも表右筆の方は、日記をまとめたり、幕府が発令する触書《ふれがき》の数百通に及ぶ写《うつし》を作成するといった単純作業を行っているのに対して、奥右筆は老中の諮問を受けて先例や旧来の法令などを調査することによって、幕閣の政策決定や法案作成に実質的に関与する立場にあったことから、彼らは幕政の機密に通じていた（本間修平「徳川幕府奥右筆の史的考察」)。

また他方では彼ら奥右筆たちは、大名諸家から提出された伺書や願書の取り扱いに関しても、先例を調査するなどして、その可否の決定に実質的で重要な役割を果たしていたという事情もあった。

このように奥右筆が幕政の機密にあずかる枢要の部署であったがゆえに、その情報を入手すべく、諸家の留守居役たちからさかんに接近を試みられることとなったのである。

江戸留守居役の活動の実態

江戸留守居役の職掌や活動範囲については以上に述べてきたとおりである。ここでは江戸留守居役が関わることとなった一事件を通して、その活動の実際がどのようなものであったかを眺めてみたい。

盛岡藩尾崎富右衛門の場合

江戸時代中期の宝暦年間(一七五一～六四)、奥州盛岡藩一〇万石の南部家に尾崎富右衛門という江戸御留守居役がいた。彼はもと姫路藩榊原家の留守居役であったが、藩の方針と相容れず、自ら暇をとって自由の身でいたという。しかしその後、留守居役としての彼の力量が見込まれて南部家に召し抱えられたのであった。

たしかにこの時代、武士は親子代々一つの大名家の中にその終身の勤めをなすものであって、仕官の先を替えて大名家を渡り歩くということはなかったのであるが、例外的に、大名家の財政再建を請け負う経済問題のエキスパート的な人間が、諸大名家の求めに応じて年限的に奉公関係を取り結ぶというような現象は見られた。その意味では、尾崎のケースもそのようなものの一つと捉えられるかもしれない。

応接は老中か奏者番か

さて、宝暦七年（一七五七）のことであるが、盛岡藩南部家では、藩主南部利雄《としかつ》が参勤交代を終えて盛岡に帰着した。そこでこの当時の恒例のごとく、在着御礼の使者に献上物を持参させて江戸に派遣した。留守居役の尾崎富右衛門は、この使者に同道して江戸城に赴き、老中に謁して御礼言上をなすべく控間に待った。

ところがその日、老中が繁忙ゆえ、御礼使者には奏者番が応接することを幕府目付より伝えてきた。尾崎は、南部家の在着御礼は老中の謁を受けるのが旧例であり、奏者番では使者を差し出し難き旨を述べた。そして問題はここから紛糾していったのである。

この一件直後に、尾崎は自家の執政方あてに事の経緯を説明した「口上書」（岩手県立図書館蔵『諸記録抜書』）を認めている。それによれば事態は次のごとくに推移した。

幕府目付の言い分はこうである。今日老中は御用繁多であること、しかも一昨年の南部家の在着御礼も奏者番の謁であったのだから、今回も奏者番で差し支えないはずだということであった。尾崎はこれに反論して、一昨年のおりは老中繁忙とのゆえでやむをえず奏者番の謁を受けたが、しかしこの度も奏者番とあってはこれが慣例化し、南部家の家格を降格させることとなるので絶対に容認しえないこと。しかも今日は他家の在着御礼の使者には老中が謁しており、これは南部家に対する不当な待遇である旨を申し立てた。

参勤在着の御礼使者に対する応接が老中であるか、奏者番が代わってこれをなすかは、一見ささいなことのようである。使者への応接に際して、老中がたまたま繁忙であるから奏者番が代行するというのは、一般の人にとってはとくに奇異に感じる問題とも思えないであろう。

実際に南部家でもその前々年の宝暦五年（一七五五）のおりには、幕府側の御用繁多という説明を真に受けて、盛岡から出てきた使者は、奏者番の謁で済ませてしまっていたのである。

しかし江戸城における殿中作法に通じている留守居役の尾崎にとっては、この幕府の措置は決して見逃しにできるものではなかった。幕府の殿中作法においては、大名家の使者

表2　帰国在着使者の謁見区分（享保二〇年）

	大名	人名	官位	居所	石高
将軍御目見	松平加賀守	前田吉徳	正四位下中将	加賀金沢	一〇二万五〇〇〇石
	松平相模守	池田吉泰	従四位下少将	因幡鳥取	三二万五〇〇〇石
	松平大隅守	島津継豊	従四位上中将	薩摩鹿児島	七二万八〇〇〇石
	松平兵部大輔	松平宗矩	従四位下少将	越前福井	三〇万石
	松平左京大夫	松平頼渡	従四位下少将	伊予西条	三万石
	松平大学頭	松平頼貞	従四位下侍従	陸奥守山	二万石
	松平但馬守	松平義淳	従四位下侍従	美濃高須	三万石
	細川越中守	細川宗孝	従四位下侍従	肥後熊本	五四万石
	佐竹右京大夫	佐竹義峯	従四位下侍従	出羽秋田	二〇万五〇〇〇石
	上杉民部大輔	上杉宗房	従四位下侍従	出羽米沢	一五万石
	宗対馬守	宗　義如	従四位下侍従	対馬府中	一〇万石格
	松平下総守	松平忠雅	従四位下少将	伊勢桑名	一〇万石
	松平讃岐守	松平頼豊	従四位上中将	讃岐高松	一二万石
	松平長菊	松平容貞	無位無官	陸奥会津	二三万石
	井伊掃部頭	井伊直定	従四位下侍従	近江彦根	三〇万石
	松平陸奥守	伊達吉村	従四位下侍従	陸奥仙台	六〇万石
	松平安芸守	浅野吉長	従四位下少将	安芸広島	四二万六〇〇〇石
	松平甲斐守	柳沢吉里	従四位下侍従	大和郡山	一五万一二〇〇石
	松平大炊頭	池田継政	従四位下侍従	備前岡山	三一万五〇〇〇石
	松平土佐守	山内豊数	従四位下侍従	土佐高知	二〇万二〇〇〇石

	大名	人名	官位	居所	石高
老中謁 I	松平信濃守	鍋島宗茂	従四位下侍従	肥前佐賀	三五万七〇〇〇石
	藤堂和泉守	藤堂高治	従四位下侍従	伊勢 津	二七万九〇〇〇石
	松平大膳大夫	毛利宗広	従四位下侍従	長門 萩	三六万九〇〇〇石
	有馬中務大輔	有馬頼徸	従四位下侍従	筑後久留米	二一万石
	松平左兵衛佐	松平直常	従四位下侍従	播磨明石	六万石
	松平幸千代	松平宗衍	無位無官	出雲松江	一八万六〇〇〇石
	松平中務大輔	松平信友	従四位下侍従	上野矢田	一万石
	松平源吉	松平頼幸	無位無官	常陸府中	二万石
老中謁 II	小笠原右近将監	小笠原忠基	従四位下侍従	豊前小倉	一五万石
	松平備後守	前田利章	四品	加賀大聖寺	七万石
	立花飛驒守	立花貞俶	四品	筑後柳川	一〇万九〇〇〇石
	松平出雲守	前田利隆	四品	越中富山	一〇万石
	松平大和守	松平明矩	四品	陸奥白川	一五万石
	松平越後守	松平長熙	四品	美作津山	五万石
	丹羽左京大夫	丹波高寛	四品	陸奥二本松	一〇万石
	伊達伊織	伊達村候	四品	伊予宇和島	一〇万石
	酒井雅楽頭	酒井忠恭	四品	上野前橋	一五万石
	松平主殿頭	松平忠雄	四品	肥前島原	七万石
	酒井左衛門尉	酒井忠寄	四品	出羽庄内	一四万石
	阿部豊後守	阿部正喬	従四位下侍従 前老中	武蔵 忍	一〇万石

	土岐丹後守	土岐頼稔	従四位下侍従 京都所司代	駿河田中	三万五〇〇〇石
	太田備中守	太田資晴	四品 大坂城代	上野館林	五万石
	榊原式部大輔	榊原政岑	従五位下	播磨姫路	一五万石
	松平隠岐守	松平定喬	従五位下	伊予松山	一五万石
老中謁III	＊南部修理大夫	南部利視	従五位下	陸奥盛岡	一〇万石
	牧野河内守	牧野英成	従四位下侍従 前京都所司代	丹後田辺	三万五〇〇〇石
奏者番謁I	大久保出羽守	大久保忠興	従五位下	相模小田原	一一万三〇〇〇石
	松平越中守	松平定賢	従五位下	越後高田	一一万石
奏者番謁II	酒井備後守	酒井忠存	従五位下	若狭小浜	一〇万三〇〇〇石
	戸田徳左衛門（徳次郎ヵ）	戸田氏英	無位無官	美濃大垣	一〇万石
	真田弾正忠	真田信弘	従五位下	信濃松代	一〇万石
	堀田相模守	堀田正亮	従五位下	出羽山形	一〇万石
	奥平大膳大夫	奥平昌成	従五位下	豊前中津	一〇万石
	稲葉内匠頭	稲葉正益	従五位下	山城　淀	一〇万二〇〇〇石

注　「四品」とは朝廷官位のうち従四位下のものをいう。なお本表の年代については、松平長菊・松平源吉・松平幸千代・伊達伊織らの称号の共在からして、享保二〇年のものと推定される（『後編柳営秘鑑』巻三「帰国在着使者御目見幷謁見之覚」）。

に対する老中の謁は国持大名の家格を、奏者番の謁は平大名の家格を示すものであったからである。そして南部家というのは、この家格の区分の一番あいまいな位置にある大名なのであった。

ここに掲げた表2を参照されたい。これはこの事件から遠からぬ享保二〇年（一七三五）の参勤在着使者に対する幕府側の応接の区分を記した一覧である。この表を眺めるならば、この問題が大名家の格式にかかわって制度的に深い意味をもつものであり、南部家にとっては死活的な重要性を有するものであることを理解することができる。

この表が示しているとおり、在着使者に対する応接は決して任意の事柄なのではなく、制度的に明確に整備されたものであった。その応接謁見は将軍自身によるもの、老中によるもの、奏者番によるものの三区分があり、しかも見られるとおり、それは朝廷官位によって表現される大名の身分にほぼ対応したものとして等級づけられていたのである。

諸大名の身分格式と朝廷官位

徳川幕府の支配下の諸大名の身分格式が、朝廷官位を基準とするというのは不思議に感ぜられるかもしれないけれども、これは近世武家社会における厳然たる事実であった。

一般の平大名は従五位下の位と国司名（越前守や駿河守など）を用いたが、外様《とざま》でも有力な国持大名（島津・伊達・細川など）や名門譜代《ふだい》大名（井伊・酒井・本多・榊原など）、さらに徳川一門大名（越前松平・会津松平など）や御三家などは、従四位下から従二位にいたる「位」（位階）と、侍従・少将・中将・参議・中納言・大納言という序列をもつ「官」（官職）を有しており、この朝廷官位によって大名たちの身分序列は厳然と定められていた。領地石高の多寡ではなく、この官位が大名たちの身分序列を決定する第一基準なのであった（もっとも従五位下の平大名のクラスでは石高の多寡が序列の基準をなしていた。松平秀治「大名家格制についての問題点」）。

さてこの官位制度との関係で捉えたとき、参勤在着の御礼使者に対する応接が老中であるか奏者番であるかは、江戸城の柳営《りゅうえい》世界ではまごうことなき制度言語としての意味を表明しており、当該大名の身分属性の何たるかを規定する象徴機能を有していたということができる。すなわち老中の謁は、外様の国持大名や譜代大名中の名門家で、官位が従四《じゅし》位下《いげ》侍従《じじゅう》ないし従四位下（「四品《しほん》」と称する）の大名を対象とし、奏者番は従《じゅ》五位下《ごいげ》の一般平大名を扱うものであったということである。

表2において松平長菊《ちょうぎく》や松平幸千代《ゆきちよ》などは無位無官にもかかわらず厚遇を得ているようであるが、これは彼ら当人の官位だけによるのではなくその家格が問題となっていたか

らであった。すなわち前者は会津松平家、後者は出雲松平家の当主であり、ともに元服を経たならば、自ずと従四位下へと叙位されていく家格を有していたからである。

譜代大名の榊原家や松山松平家なども従五位下の官位で老中の謁となっているが、これらもともに官位特格の家柄で、やがて従四位下侍従に昇進することが予定されているので問題はないのである。

そしてそうであるならば、いよいよもって盛岡藩南部家の立場がきわめて微妙なものとなることを知る。つまり南部だけがこの表で浮いていることになるのである。

微妙な南部家の立場

表2の南部修理大夫利視が官位従五位下であるにもかかわらず、在着使者の謁が老中となっているということは、この柳営の世界では南部の家格が国持大名に準ずるものという意味を含むことになる。だがこの時期の南部家が国持に準ずるか、単に平大名にすぎないかは微妙な問題であった。

同じく外様大名で一〇万石クラスの宇和島の伊達家、柳川立花家や二本松丹羽家は従五位下からほどなくして従四位下に昇叙され（伊達は初叙四品）、さらに侍従へも進みうる家格を有していた。それゆえにこの三家は一般に准国持と見なされていた。

しかし南部家の場合は従四位下への昇叙にも多くの年数を要しており、侍従任官の例もなかった。盛岡藩の領地は広大ではあったけれども、柳営の世界でこの時期までに形成されていた基準と制度体系に従うならば、南部は准国持と見なすことはできず、あくまで平大名の範疇に位置づけられるべきものであった。

南部家の在着御礼の使者の応接にそれまで老中があたってきたというのは、過去の何がしかの事情によったものであろうが、幕府側としてもその応接を老中から奏者番に変更していこうとすることは自然な流れでもあった。幕府側が老中繁忙との理由を設けて、二度連続で奏者番の謁としようとしたのは決して偶然のことではなく、充分に意図的なものであり、さりげない対応のなかで、このあいまいな位置にある南部を平大名の範疇で整理しようとしたものであったと判断されるのである（千葉一大「近世大名の身分と格式—盛岡・南部家の場合—」（『日本歴史』五九九号、一九九八年）。

だが柳営の制度と儀礼に通じている留守居役尾崎はこれを見逃さなかった。南部家の家格が微妙なところにあることは、もとより同家の側でも自覚しており、同家を国持大名として認定させることはその悲願にして、在着御礼使者に対する老中の謁は、その認知にとって有力な根拠の一つとなるからであったがゆえである。

そして尾崎は幕府の措置が意図的なものかどうかを見極めるべく、使者に同道して登城したのであるが、はたして幕府はまたも奏者番の謁を指示してきたのであった。

そして尾崎は断固これを拒否した。それより押し問答の体となり、幕府の目付は威嚇《いかく》と慰撫《いぶ》とをもって六度にわたり説得を試みたが、尾崎はこれをすべて拒絶したのである。押し問答はしだいに強談判《こわだんぱん》となり、怒声が殿中に響き渡った由であった。

尾崎はついに、今日老中繁忙であるならば献上物呈上は後日に改めたい旨を申し立て、幕府側も退出を命じて尾崎と使者は城中を引き上げたのであった。

問題の決着

殿中をはばからず過言《かごん》をなし、幕命を肯《うけ》がわぬのみならず、御礼言上を拒否して退城するという前代未聞の所業に対して、幕閣はその処分問題を協議することとなった。筆頭老中堀田正亮《まさすけ》以下の大勢は、尾崎および南部利雄に対する厳重処置を当然とした。しかし老中西尾忠尚（あるいは松平武元ともいう）は、これに異を唱えて次のごとくに述べたと伝えられる。

すなわち、将軍家の政道は将軍一個人への慮外無礼は問題とせず、下司の過言であっても「その理に当り候儀」は取り上げるべきものである。ことに尾崎は自己の一命を顧みず、主人の家格の堅持のために奮闘したのは「大勇義士」というべきである。もし天下に賊徒出現し、南部家に追討を命ぜられたおりにも、真に役に立つのはこのような者なのである。

尾崎のごとき気骨ある武士は、亡くなられた八代将軍吉宗公のもっとも感賞されたところでもある。それゆえに、尾崎らの処分は軽く済ませるのが妥当であるというものであった。

西尾の言が発せられるや一同はこれに承服し、その線で事態の決着が計られた。尾崎は在所に下して謹慎（謹慎解除後に一〇〇石加恩、用人に昇進した）、南部利雄は御目通差控えとし、さらに南部家には再度献上物使者を登城せしめ、老中がこれに謁することとしたのである（『徳川実紀』宝暦七年六月一三日条）。

ちなみにこの一件は、当時の人気講釈師であった馬場文耕《ばばぶんこう》の手によって『森岡貢《もりおかみつぎ》物語』という読み物に仕立てられ、あまねく人々の知るところともなったのである。

留守居組合とは何か

江戸留守居組合の起源とその機能

留守居組合の意義と起源

留守居役は、すでに見てきたようにそれ自体でも重要な役割を演じていたが、さらに彼らの活動が近世の武家社会でより大きな意義を有したのは、彼らによって留守居組合という集合の場が形成されたがゆえであり、その場において、彼らの情報交換機能が一段と活性化されたがゆえのことである。

留守居組合の起源については、『武営政緒録《ぶえいせいしょろく》』(神宮文庫所蔵)という題名の、留守居役たちの活動を記録した一書に次のように記されている。

四代将軍家綱の時代、おりから将軍の継統を祝賀する恒例の朝鮮信使が来日することとなり、信使一行の通路にあたる諸大名たちはその接迎の準備にはいった。しかるに先の大火によって幕府の記録が焼失していたため、幕府老中の阿部豊後守は諸家留守居を召集し、それぞれ自家に残る信使関係の記録類を書上げることを命じた。このおり、美作《みまさか》一八万石森家の留守居山田某なる者がたまたま幕府の信使関係の役人と懇意で、情報も得やすいという事情のあったことから、諸家留守居は森家の山田のもとに参集して相談することとした。

しかしこれは多人数であったので、主人の森美作守がこれをいくつかの組に分け、以後よく寄合・熟議して公儀勤に励むべきを申し渡した。これがすなわち留守居組合の発端をなすというのである。家綱の時代の朝鮮信使の来日は明暦元年（一六五五）のことであるから、右の伝承はそのころのことを想定したものと見てよいであろう。

しかしながらこのエピソードはあくまで、後代になって作られた伝承にすぎないであろう。留守居組合の形成は、このような朝鮮信使の先例調査ということも機縁になったには違いないであろうが、特定の事件や幕府の指令に求められるというよりも、むしろ長い年月の中で自然発生的に形づくられていったという性格のものである。

自然発生的な形成

留守居組合という明確な制度はもたないが、諸家の留守居役どうしが個別の案件を巡って相互に照会しあうという行為は、近世の初頭から見られるところである。

近世初期の留守居の活動を伝えるものとして、前節にも掲げた毛利家留守居（公儀人福間彦右衛門）の日記『福間帳』がある。同書によれば、たとえば寛永一六年（一六三九）に西国・九州方面で疫病による牛死が多発し、田畑の収穫にも被害を出した。この件で幕府に届け出るべきか否かについて、福間は筑前藩黒田家・肥後藩細川家・小倉藩小笠原家などの同役である「九州衆御留守居衆」と内談をしている。

また同年九月には、将軍女子の祝儀献上物の件について、老中阿部忠秋のもとへ福間以下の「諸家留守居一同に参上致し」、その意向を伺っているが、これも諸家留守居が申合わせて一同に阿部の下に赴いたことを物語っている。

その他、後水尾天皇の中宮にして将軍家光の妹である東福門院（和子）への進物員数について（同一一年七月）、老中堀田正盛が信州松本に一〇万石を拝領したおりの祝儀方について（同一五年三月）、福間は「惣並聞合」せて処置をしている。

もっとも、この諸大名家の留守居役どうしの照会行為が、後の留守居組合に見るような多人数での会同形式によったか、あるいは単に個別に問い合わせるだけであったのかは明瞭でない。しかし留守居組合というものが、後述するごとく多様なあり方をもった慣行的制度であるという事実を考慮するならば、それは近世初頭から寛永・明暦ごろ（一六二四～五八）にかけて自然発生的に形成されていったと見るのがよいであろう。

先の『武営政緒録』の記事にもあるとおり、幕府老中阿部は先例の書出しを命じたまでであり、諸家留守居が協議をすべく一同に森家留守居の下に参集していったこと自体は、彼らにとってすでに当然視されていたのである。

留守居組合の機能と幕府の黙認

右の『政緒録』の記事で今一つ注目すべきくだりがある。幕府の記録が焼失してしまって先例調査の手掛りを失い、これを諸家留守居の側に求めざるをえなくなったという点である。のちに詳しく見るように、先例の調査・照会は留守居組合の中心機能の一つとなるのであり、右の伝承は、いわば留守居組合の活動に対する、幕府の側よりする認知の端緒についての真実を物語っているように思われる。

この点は同時代史料による傍証が可能である。前掲の蜂須賀家文書『御旧記書抜』の万治元年（一六五八）七月条に、蜂須賀家より留守居小畠助左衛門をもって江戸参勤時の献上物員数を老中松平信綱に尋ねたところ、信綱は「例年帰着の御礼進上物の数、御城に控《ひかえ》候へつれ共、最前炎上故、知れ難」いので確定的な回答をなしえず、伊達・上杉家の留守居にこれを問い合わすべき旨を指示したという記述がある。

そして小畠が両家の「御留守居とも手前承合《うけたまわりあい》、書取り、同廿七日之晩、伊豆殿へ持参」したところ、信綱はこれに基づいて蜂須賀家に命を下しているのである。右の記事にいう「最前炎上」が明暦大火によるそれであることはいうまでもない。

留守居組合の種別

複雑な留守居組合

留守居組合は特定の幕命に基づかない慣行的制度であるために、その組合のあり方・内容はそれぞれの個別事情に左右されるところが大きく、かつ時代によってそれを変化させていく。さらにまた、各大名家の留守居役は同一時期に、以下に列挙するような諸組合を同時に構成しているために問題をいっそう複雑にする。そのような複雑さを念頭に入れたうえで、ここでは留守居組合のいくつかの型について概観し、当該制度に関する必要な限りでの定義的な考察を施したい。

同席組合

これは江戸城中における控間《ひかえのま》（殿席《でんせき》とも伺候席《しこうせき》とも称する）を同じくする大名諸家の留守居役によって構成される組合である。

すなわち諸大名は正月・五節句などの節目ごとの祝儀のおりや、毎月一日・一五日といった月次《つきなみ》の定日に江戸城に登城して将軍に拝謁をするのであるが、その謁見を待つべく控え居る場所が殿席（伺候席）であった（松尾美恵子「大名の殿席と家格」）。

すなわち、外様系の国持大名や四位以上の官位を有する大名たちの控える大広間、外様中小大名の柳間《やなぎのま》、譜代表大名の帝鑑間《ていがんのま》、詰衆系譜代大名の雁間《がんのま》、譜代無城層の菊間《きくのま》の五席について、各席ごとに数家ずつの留守居役が集まって組をなすのである（殿席の位置については二四・二五ページの図1参照）。当時、留守居組合といえば通常この同席組合を指していた。

なお御三家・前田家らの大廊下（いわゆる松之大廊下の横にある控間）、井伊・保科松平家などの諸代元老格の黒書院溜間詰《たまりのまづめ》の大名家については留守居組合を設けていない。御三家らは御城付と呼ばれる役職の者が江戸城に日常的に出入りしており、また溜間詰大名は数日ごと定期的に江戸城に登城しており、ともに江戸城中のできごとや行事、幕府の施策について熟知しうる立場にあるということが、留守居組合をもたなかった理由であろう。

さらにその他の理由として、これら諸家は幕府権力の中枢部にあって、これを支える中心的な存在なのであるから、とかく問題の多い留守居組合を構成することを憚《はばか》っていたというようなことも推察される。

しかし彼らとて政治的諸問題や先例旧格をめぐって、より多くの情報を希求する点で他と異ならないし、自余の大名諸家が各種問題においてどのような判断・行動を取るかを広く知っておく必要があるのであるから、間接的な形で留守居組合に依存することになるのである。

たとえば加賀前田家の場合、分家の富山・大聖寺の両前田家がそれぞれに留守居組合に加入しており、そこで得られた情報が本家に伝達されるという仕組になっている。さらに加賀前田家の場合、組合に正式には参加しないが、後述する留守居廻状による情報伝達組織――これを「廻状之列」と称する――を有していた。溜間詰の井伊・高松松平家もやはり同様であった（『会津藩・家世実紀』享保六年〔一七二一〕四月一日条）。

同席組合の編成を例示するならば、安永～天明ごろの国持大名の大広間席組合は二つから成り、一つは島津（薩摩藩七二万石）・伊達（陸奥仙台藩六二万石）・細川（肥後藩五四万石）・毛利（長州藩三六万石）・池田（因州藩三二万石）・有馬（筑後久留米藩二一万石）・上杉

（出羽米沢藩一五万石）・松平（美作津山藩五万石）の八家、今一つは黒田（筑前藩五二万石）・鍋島（肥前佐賀藩三五万石）・藤堂（伊勢津藩三二万石）・蜂須賀（阿波藩二五万石）・山内（土佐藩二〇万石）・佐竹（出羽秋田藩二〇万石）・伊達（伊予宇和島藩一〇万石）・立花（筑後柳川藩一〇万石）・宗（対馬藩一〇万石格）の九家の留守居役によって構成されていた（伊達文化保存会蔵、宇和島伊達家文書『留守居役年記略』）。

帝鑑間席についてみると、弘化年間（一八四四〜四八）に榊原（越後高田藩一五万石）・酒井（出羽庄内藩一四万石）・小笠原（豊前小倉藩一五万石）・柳沢（大和郡山藩一五万石）・真田（信州松代藩一〇万石）・戸田（美濃大垣藩一〇万石）・大久保（相模小田原藩一一万石）・奥平（豊前中津藩一〇万石）・松平（伊勢桑名藩一一万石）・松平（武蔵忍《おし》藩一〇万石）の一〇家よりなる留守居組合のあったことが知られる（真田宝物館蔵、真田家文書『御留守居方日記』弘化二年二月一六日条）。

これは譜代大名にして石高一〇〜一五万石に位置することによって、ほぼ同等の家格を有している大名諸家の組合である。なお真田家は出自からいうならば外様大名であるが、松代藩真田家の藩祖真田信之《さなだのぶゆき》は本多忠勝の女子を妻として、関ヶ原合戦にも東軍として参加した経緯などもあって、早くより帝鑑間席の譜代大名としての待遇を受けている。

小組

これは国持大名一両家と、他席の中小大名数家との留守居役どうしによって構成される組合である。寛政元年（一七八九）に留守居組合より幕府に提出された組合の来歴を記した文書には、「御同席組合の外、御国家にては小組と号《ごう》し、御他席の御留守居中組合相定《あいさだ》め、定式寄合これ有り候、是は御国家（国持大名家）一両家相加り、其外は外御席の至て御小家の御留守居中も差加り居」とある（『憲教類典』二ノ一「大名」）。

小組は、国持大名なら有しているであろう豊かな政治情報や先例旧格についての知識を得るために、もっぱら中小大名家側の懇請によって設けられた組合であろうか。この小組についての具体的なことは遺憾ながら不明である。

近親組合

これは親類関係にある大名諸家の、その留守居役によって成る組合である。この組合はその性格よりして、各大名家の冠婚葬祭・官位叙任・役成などの吹聴に由来するのであろう。この近親組合の留守居役の間では、日ごと夥《おびただ》しい量の書状の往復が見られるのであり、その内容は右の吉凶報知が中心となるが、必ずしもそれにとどまらず、およそ自家に関して起こったものならば政治の枢要に立入った事柄でも巨細《こさい》となく報知していくのである。それゆえにこの型の組合は日常化された、そして密度の高い情報交換組織として軽視できぬところである。

その報知内容については後述することとして、ここでは近親留守居組合の事例を挙げておこう。表3は天明・寛政ごろの南部家（奥州盛岡藩一〇万石、柳間席）において、「御親類・御縁者様方」として一括されていた大名家の一覧表である。これらの諸家はさらに、南部家との親疎の別によって三群に分けられている。

第一群の八戸藩南部家・高田藩榊原家との間での書状の往復などには家老があたり、第二群の黒田家以下には用人が、そして第三群の鳥取藩池田家以下に対しては留守居役が担当するのである。このように実際の礼格の施し方まで考慮するならば問題はさらに複雑になっていくが、往復書状の形式・内容ともに取り立てて差異は見られないのであるから、三つの群の全体をもって南部家の近親留守居組合と見なして差し支えはないであろう。

この型の組合の特徴は、その構成員数が非常に多いこと、そして大名家の殿席や家格の違いを越えた幅の広さをもつということである。それゆえにこれは、先の同席組合の狭隘さの欠を補うものとして重要である。

近所組合

これは大名江戸屋敷の近隣の諸家留守居によって構成される組合である。大道寺友山の著『落穂集』には寛文初年（一六六一）のこととして、江戸

表3　盛岡南部家の近親留守居組合諸家

	大名家	居所	石高	殿席
I	南部	陸奥八戸	二万石	柳間
	榊原	越後高田	一五万石	帝鑑間
II	黒田	筑前福岡	五二万三一〇〇石	大広間
	牧野	丹後田辺	三万五〇〇〇石	雁間
	永井	摂津高槻	三万六〇〇〇石	〃
	浅野	安芸広島	四二万六〇〇〇石	大広間
	細川	肥後熊本新田	三万五〇〇〇石	柳間
III	池田	因幡鳥取	三二万五〇〇〇石	大広間
	毛利	長門萩	三六万九四一一石	〃
	蜂須賀	阿波徳島	二五万七〇〇〇石	〃
	青山	美濃郡上八幡	四万八〇〇〇石	雁間
	青山	丹波篠山	五万石	〃
	毛利	長門府中	五万石	柳間
	毛利	長門清末	一万石	〃
	酒井	上野伊勢崎	二万石	菊間
	有馬	越前丸岡	五万石	帝鑑間
	鍋島	肥前佐賀	三五万七〇三六石	大広間

細川	常陸矢田部	一万六三〇〇石	柳間
内藤	越後村上	五万九〇石	帝鑑間
細川	肥後宇土	三万石	柳間
水野	下総結城	一万八〇〇〇石	帝鑑間
酒井	播磨姫路	一五万石	〃
真田	信濃松代	一〇万石	〃
前田	加賀金沢	一〇二万二七〇〇石	大廊下
前田	加賀大聖寺	七万石	柳間
前田	越中富山	一〇万石	大広間
佐竹	出羽秋田	二〇万五八〇〇石	〃
相馬	陸奥中村	六万石	帝鑑間
酒井	出羽庄内	一四万石	〃
浅野	安芸広島	三万石	柳間
山内	土佐高知	一万三〇〇〇石	〃
毛利	豊後佐伯	二万石	〃
池田	備前岡山	三一万五二〇〇石	大広間
松平	陸奥守山	二万石	〃
小笠原	陸奥棚倉	六万石	帝鑑間
黒田	筑前秋月	五万石	柳間
相良	肥後人吉	二万二一〇〇石	〃

大名家	居所	石高	殿席
立花	筑後柳川	一〇万九六四七石	大広間
松平	陸奥白川	一一万石	溜間
松平	陸奥会津	二三万石	〃
松平	播磨明石	六万石	柳間
井伊	近江彦根	三〇万石	溜間

注　南部家文書『御在府御内勤留』（盛岡市公民館蔵）天明六年七月七日および寛政二年三月三日条に拠る。大名家の配列は史料の記載

桜田辺に屋敷を構える次の大名諸家の留守居役が組合をなしていたことが記されている。

すなわち丹羽（奥州二本松藩一〇万七〇〇石）・内藤（奥州棚倉藩五万九〇石）・小出（但馬《たじま》出石《いずし》藩五万石）・金森（飛騨高山藩三万八七六〇石）・松平（石見《いわみ》浜田藩五万四四一二石）・仙石（信州上田藩六万石）・浅野（播州赤穂藩五万三五〇〇石）・浅野（備後三次《みよし》藩五万石）の八家である。

そしてこの組合では月次の寄合を催し、相互に廻状を送達して、種々の情報を交換しあっていたという。また組合中の大名家の屋敷塀が倒れたような時には、留守居がこの旨を他家に報知して、これに援助を求めて建て直し、またある大名家で急の金子《きんす》調達の必要が

生じた時には、留守居たちが集まって組合諸家で合力するというように、大名家間の相互扶助組織としてもこの留守居組合は機能していた由である。

ただし近世中期以降になると、江戸の武家屋敷の近隣グループは辻番所組合・水道組合・火防組合という形で幕府の都市政策の一環に組み込まれていき、留守居組合としての性格は同席組合の方に吸収されていく。

後の文政年間（一八一八〜三〇）になるが、江戸の留守居組合のことにも通じていた秋田藩士橋本秀実はその著『八丁夜話』の中で、先の『落穂集』の記述に言及し、この桜田辺の留守居組合を「帝鑑の間十万石以下の方の衆」のそれと見なしている。

これは八家の中に仙石・両浅野らの外様大名が入っていることから誤りなのであるが、橋本がこう考えたことの中に留守居組合とは同席組合に他ならないという、この時期の通念が表わされている。近所組合は、発生的には重要であったけれども、それが公的性格を強めるに従って、留守居組合としての意義を低下していったと考えられる。

以上、留守居組合とは右に列挙した諸種の組合の複合体なのである。それは、同席組合を中核として近親組合がこれを補完する形でとり巻き、さらに小組や近所組合といった自余の各種のグループを付属するような存在であったと考えてよいであろう。

留守居組合の変遷

大広間席留守居組合

ここでは留守居組合の中核たる同席組合について、とくに国持大名家のそれである大広間席留守居組合を素材にしてその変遷を見ていこう。

先の『武営政緒録』では、国持大名家の留守居組合は次の一〇家の留守居役より成っていたとある。すなわち山内・毛利・蜂須賀・鍋島・藤堂・宇和島伊達・島津・因州（鳥取）池田・備前（岡山）池田・森の諸家である。朝鮮通信使御用という事態の特殊性よりして、ここには東国の大名家の姿は見えない。

この組合には漸次に他家の参加があったが、新規の加入希望が相ついだため寛保二年（一七四二）一〇月にその打ち切りを申し合わせ、ここに国持大名系の留守居組合のいちおう纏まった形ができあがった。それは次の諸家、すなわち島津・伊達・細川・黒田・毛利・因州池田・藤堂・鍋島・蜂須賀・山内・佐竹・有馬・上杉・宇和島伊達・宗・津山松平・立花の一七家から成っていた（前掲『留守居役年記略』所収「寛保二年十月・諸家留守居連署申達状」）。

ここでは元禄一〇年（一六九七）に改易された森家が姿を消したのは当然として、有力国持大名たる芸州（広島）浅野・備前池田の両家が見えない点を指摘しておこう。ただしそれは組合の定期的な寄合に参加しないというまでのことであり、個別案件を巡る照会・協議には随時応じていた。

安永四年（一七七五）四月、この留守居組合は二つに分裂する。組合内での留守居の序列（座順）を巡って、それを各人の主人たる大名の官位順に正すべきであるとする島津家よりの提案に対し、これに同意するグループと、従来どおり留守居役当人の年功に基づくべきとするものとの二者にである。

この紛議は留守居組合の隆盛に伴い、その内部では古参・新参の別が厳しく立てられ、すべて新役成の者は先例旧格に通暁した古参者に対し師弟の礼を余儀なくされるという慣習が行われていたことによるものであった。

島津・伊達のような有力大名家にとっては、自家の留守居が右のごとき屈従に甘んじるのは面白からぬことであったろうし、さらに重要なことには、留守居組合の社会的重要性の増大とともにその奢《おご》りは恣《ほしいまま》を極め、その茶屋・遊所における寄合遊興は一つの社会風俗上の問題となっていたという事情もその背景に見られた。

留守居・留守居組合の政治的成長

元来、大名家間の連絡・調整の場でしかなかった留守居組合は、しだいに各大名家の手に負えない「制外《せいがい》」と呼ばれる特権的な存在へと化していた。島津提案の意味は留守居組合のこのような趨勢を阻止し、それを本来の大名家間の単なる連絡機構に、あくまでも主命に基づく公用としての寄合に押し戻そうとするところにあったと思われる。

実際、幕府方面をはじめとする重要な各種情報を入手し、留守居組合の場における協議を通して大名諸家の動向を把握している留守居役の存在というものは、それぞれの大名家において単なる連絡・調整役にとどまらない重い意味を有するのであり、後掲の事例からも知られるとおり、彼らの発言力は一藩の政策方針を決定しかねないという事情があったからである。

それゆえに彼ら留守居役は、自らが得た情報と自己の経験に基づく判断で、政策上の意見を具申することも少なくなかったのであるが、しかしながら留守居役は大名家の職制においては、あくまで対外的な取り次ぎ役にしかすぎないのであって、政務を議することは筋論からいうならば明らかに越権行為であった。

薩摩藩島津家の享保元年（一七一六）の家中法令はこの点を厳しく指摘している。すなわち、平生から留守居役は組合仲間の申合わせや自分の了見をもって、「御主人の御勤めを下々にて極め候」ことがあるのは不届きであり、島津家では留守居役の了見などを採用することはない。留守居役はその職務に従事して、ただ「間の取次」を致すばかりである旨が指令されている（『藩法集・鹿児島藩』所収『列朝制度』享保元年条）。

しかしながら実際問題としては、豊富な情報を把握している留守居役の意見を無視して大名の公儀勤めや一藩の政策決定をなしうべくもなく、留守居役による事実上の政務リードという事態は不可避であった。

すなわち、「公儀を鼻にかけ、主人の掟を用いず（中略）その家の家老も楽を好んで主人を大切にせぬ故、留守居を立居て公辺の勤には構わぬ也」と儒者の荻生《おぎゅう》徂徠《そらい》がその著『政談』で指摘するようなありさまが一般的となっていたのである。

徂徠の高弟太宰《だざい》春台《しゅんだい》もまた次のようにこの事態を捉えている。「今の諸侯は一己《いっこ》の決断を以《も》って奉公すること能《あた》はず、一向に聞役を恃《たの》みとして奉公の務をなす也。是によつて聞役の者、公事に託して権をその邸に執る。その主君も大老も皆これを畏れて、万事を彼等が意に任ず。聞役はこの勢ひに乗て、その所欲を恣にす」（『経済録』）と。

留守居の奢り、留守居組合の遊興三昧として指弾されるこの時期の状況というものは、ここに指摘されているような留守居および留守居組合の政治的成長、その政治的発言力の増大と裏腹の関係にあったということができるであろう。この一八世紀の半ばともなると彼ら留守居役と留守居組合とは、幕藩体制の政治構造の中で逸すべからざる地位を占めるにいたっていたのである。

島津家提案の意図と結果

先の島津提案はこのような動向にあって、留守居役と留守居組合の強大な政治力を、少しでも掣肘《せいちゅう》したいとする観点から打ち出されたものであろう。

結局、島津提案に同意した島津・伊達・細川・毛利・因州池田・有馬・上杉・津山松平家の留守居が「八家組合」をなし、従前どおりを主張した黒田・藤堂・蜂須賀・鍋島・山内・佐竹・宇和島伊達・宗・立花家のそれは「九家組合」を構成することとなった。しかしそれでも両者による全体の寄合は依然として継続されており、「双方御熟談の上、三十間堀にて御寄合同様の御参会、月に両度ヅ、これ有り、この後は一入《ひとしお》、以前御一組の節の通りに御入魂《じっこん》に仰せ合され」（前掲『留守居役年記略』）たのである。

留守居組合の禁止令とその理由

寛政元年（一七八九）九月の幕令、すなわち留守居組合に対する寄合禁止令は当該制度にとって大きな画期をなす。寛政改革における幕府の風俗取締政策の一環として、留守居組合の遊興目的の会合がその禁圧の対象となったのである。

留守居組合の遊興行為とその「制外」ぶりには幕府も手を焼いて、これまでにも数度にわたってその不謹慎行為を取り締まる法令を発していた。

幕府がその法令をもって留守居役たちの行動にはじめて警告を発したのは、宝永四年（一七〇七）二月のことであった。そこでは彼らの間で「不《ふ》慥《たしか》なる書付」をめぐらしていること、さらに「仲間寄合」を行っており、しかもその寄合の場所がよろしくない、等々の問題が指弾されている（『御触書寛保集成』二八四一号）。「無益の雑説」を廻状で流布することを禁ずる幕令は、同七年六月にも重ねて発布されている（同前二八四二号）。

幕府はその後も留守居組合の寄合を停止させたい意向を抱いており、享保改革の吉宗政権の下において、寛保三年（一七四三）六月、長文の法令をもって留守居組合の活動を規制するにいたった。すなわち留守居役たちが料理茶屋で寄合をなすことを禁じ、留守居組合の寄合は大名屋敷の書院か留守居役の長屋を用いて行うべきこと、「虚説ヶ間敷」儀を流布いたすまじき旨、等々を命じた。そしてさらに彼らの行動は、「組合仲間一統」のような様相を呈しており、主人である大名も彼らの力に押されて取り扱いにくいといった状況に陥っているようであるが、これらも決してあるまじきことと警告を発している（同前一一一八号）。

この寛保三年令は留守居組合に対する規制の法令としては包括的なものであったけれども、同組合の活動を封じ込めることはできなかった。この法令は安永三年（一七七四）に重ねて発せられたが実効なく、幕府はついに寛政改革の風俗取締りの一環として、留守居組合の寄合活動の一切を禁じる政策を強行するのである。

すなわち松平定信政権下の幕府では、寛政元年（一七八九）七月、大広間・帝鑑間・雁間・柳間・菊間のそれぞれの同席組合について、組合の起源と寄合の必要性についての調査を命じた後に、同年九月になってその寄合禁止令を発したのである（『憲教類典』二ノ一「大名」、『御触書天保集成』五一三九号）。

この政策は効を奏して、留守居たちの表立った寄合活動は影をひそめるにいたった。そのために江戸に多くあった留守居茶屋が休業に追い込まれ、吉原は大いに衰微したとのことである。これよりしばらく留守居組合は、いわば冬の時代を迎えることになる（『親子草』巻二、『よしの冊子』寛政元年一〇月条)。

留守居組合の復活

しかし寛政末年にはその寄合活動について、「近頃は相ゆるみ候向《むき》もこれ有る哉《や》に相聞《あいきこえ》」(『御触書天保集成』五二二九号〈寛政七年三月〉)、「諸家留守居役、茶屋などにて折々参会これ有り」と記されるような状況が復活してきている(同五二六八号〈同一二年五月〉)。

幕府側は繰り返し寄合禁止令をもってその封殺に努め、これに対する留守居組合側の執拗な寄合行為との間で一進一退を見せるのであるが、文化年間の末になると組合の公然活動が復活しているさまを確認することができる。

享和二年(一八〇二)九月のこと、幕府関係の大きな法事の催しのあったのちに、これに参加していた諸家留守居六〇名が集まり、数年来の逼塞《ひっそく》のうさを晴らすべく吉原を「惣《そう》揚《あ》げ」にして狂態を演じるという事件があった。この一件では全員が幕府大目付より「急《きっ》度《と》叱り」を申し渡されている(内閣文庫蔵・『森山孝盛日記』享和二年一〇月二九日条)。

また文化一二年(一八一五)には「宜しからざる風聞これ有り」との理由で宇和島伊達・立花・相馬ら五家の留守居が役儀取《とり》放《はなち》に処せられている(『文化秘筆』二二五ページ〈『未刊随筆百種』第八〉)。

前掲の『八丁夜話』の文政八年（一八二五）六月条にも、留守居組合の再開された寄合の支出費用に触れ、「御並方十八諸侯の類役懇会の事なり、これ時勢に従ひ奢侈もあらんか散財また小にあらず」とある。また幕末の帝鑑間席組合について、佐倉堀田家の留守居役を務めた依田百川の回顧談には、組合の茶屋寄合の華やかなさまが述べられており、往時に変わらぬ留守居組合の勢威のほどを見せつけているのである。

さて近世後期の大広間席組合の構成を見ておこう。『八丁夜話』には「当時（文政八年ごろ）薩州家の衆は折として懇会へ出、長州の毛利家、勢州の藤堂家、久留米の有馬家、米沢の上杉家の衆などは懇会へ出ぬと聞ゆ」とある。

また宇和島伊達家文書では、天保一〇年（一八三九）時点で宇和島伊達・有馬・浅野・細川・黒田・佐竹・宗・岡山池田の諸家留守居による「月並御定会」のあったことが確認される（宇和島伊達家文書『御留守居申合、公辺被仰出、其外書抜』所収「有馬家留守居一件書状」）。さらに、この時点で島津・伊達・上杉・山内・蜂須賀家の留守居も寄合に参加していたことが知られる（『大日本古文書・伊達家文書』十、「天保九年十二月、有馬頼徳書状」）。

この時代においては、定期的な寄合に参加していたのはだいたい右の諸家留守居役であったと見てよいであろう。ここには従来この種の寄合には加わらなかったとされている、浅野・岡山池田の両家留守居役の顔が見えているのが注目される。

「留守居廻状」

また留守居組合には既述のように「廻状之列」と称して、留守居廻状の相互通達にのみ与かる大名家がある。加賀藩前田家がそうであり、また文化五年（一八〇八）に、蝦夷地警備の代償として領地石高が一〇万石から二〇万石へと「高直し」され、国持大名の格式を得て大広間席に昇格した盛岡藩の南部家が、同様の資格を得ている。ちなみに南部家についていうならば、前節で紹介した尾崎富右衛門の紛議一件に見られた同家の格式問題をめぐる悲願が、ようやくここに達成されたということなのである。

さてその他、富山藩・大聖寺藩の両前田家のように本来は柳間席大名でありながら、大名当主の官位が四位に叙せられると大広間に進むという家格のものがあり、これらは随時この「廻状之列」に加えられていったようである。

最後に徳川の家門大名、とくに大広間席に座した越前系の松平諸家について付言しておくならば、結城秀康の嫡流たる津山藩松平家は先に見たように早くより大広間席留守居組合に加入している（近世後期には「廻状之列」の形で加わっている）。松江藩松平家・川越藩松平家の二つは、この大広間席組合の正式成員ではなかったが、「御組合御同様に前々より御入魂《ごじっこん》に御申談」がなされていたとのことである（前掲『留守居役年記略』）。これらの事実は、留守居組合を巡る問題が単純に外様・親藩の別で処理しえない複雑さを含むものであることを物語っているようである。

江戸留守居役たちの情報交換方式

寄合

宅寄合

面談から宅寄合へ

江戸留守居役《るすいやく》や留守居組合の活動の具体的な内容については次章に述べることとして、ここでは彼ら留守居役たちの間における情報交換の方式や、情報媒体の種別とその特徴をながめていくこととしたい。

留守居役たちの間における情報伝達の最初は、当然のことながら、彼らのうち二名が直接に出会って話し合いをする面談という形式であろう。

この二者による面談は、しだいに複数名の留守居役が一ヵ所に会同して相互に情報を交換しあう寄合《よりあい》という形へと発展していく。留守居組合の制度が発達するにつれて、彼ら留守居役たちの寄合は定期的に開催されることとなる。

彼らの寄合は、初期には各大名家の江戸屋敷内にある留守居役の長屋においてであり、それが手狭であると思われたときには殿舎の一室が提供されて催された。これが「宅寄《たくより》合《あい》」と呼ばれるものである。

この宅寄合においては参会者に対して一汁三菜が振る舞われ、また留守居役の主人たる大名よりも茶酒・菓子などが彼らに供された。加えてこの寄合には歌舞・音曲自由の特典までもが与えられており、これらの破格の待遇は各大名家の留守居組合重視の姿勢の現われと解することができるであろう。

宅寄合の具体的な事例として、蜂須賀家文書『御旧記書抜』の寛保二年（一七四二）八月条に次のような記載がある。

同月二五日、秋田藩佐竹家の留守居役布施伝右衛門方で大広間席組合の寄合が催され、細川・毛利・山内・因州池田・上杉・蜂須賀家の留守居役が参集した。そしてこの場で蜂須賀家留守居役は、将軍廟所たる寛永寺・増上寺に対して、各大名家においては月次《つきなみ》参詣をどれほどの頻度で行っているかについて問合わせをしており、他家の多くが月に三度の参詣をなしている旨であったため、以後同家もこの諸家の並に従ったことが記されている。

内寄合

次章に掲げる〔事例14〕（一七四ページ）は天明六年（一七八六）七月に発布された幕府の全国御用金令について、その対応方を相談すべく催された大広間席組合の寄合の模様を記したものである。この会合は臨時に設けられたのであるから、「内《うち》寄合」と呼ばれている。

そしてこの寄合開催の手続きについては、「七月九日、御並方御一軒より御留守居一人ヅヽ、内寄合として、朝飯後より相揃申し合すべき段、永田藤左衛門・岡村要介より廻章到来につき、本城にて池原雲洞老別荘へ罷《まか》り越し申し合す」（山口県文書館、毛利家文庫所蔵『公儀事控』天明六年）と記されている。

史料中の永田・岡村はそれぞれ、黒田・津山松平家の留守居役、池原雲洞は幕府奥医師である。幕医の別荘がこの種の留守居組合の会合、しかもかなり高度な政治的問題を討議する会合に用いられているというのは興味を惹くところである。寄合は朝飯後より深更に及んで続けられたとされているが、その討議の具体的な模様については次章で詳しく述べることとしたい。

茶屋寄合——留守居役たちの遊興

茶屋寄合の一般化

近世中期以降に宅寄合と並んでさかんになるのが「茶屋寄合」である。「懇会《こんかい》」とも称せられて、吉原などの遊所を使う寄合である。それはもっぱら組合成員間の懇親・慰労を目的とした遊興行為であった。茶屋寄合については、当時の留守居役たちの風俗を記した随筆には「屋敷振廻などこれ有る時は物入多につき、或は茶屋、或は吉原・芝居等にて留守居会これ有り（中略）金にて請取、右の場所々々にて是をもてなす」（『我衣』）と説明されている。

宝永期（一七〇四～一一）の落書《らくしょ》に「諸家の留主居《るすい》は遊女に同じ、勤《つとめ》はくるはの内ばかり」とあり、かの近世武士道書の代表として知られる『葉隠』でも、元禄期（一六八八～一七〇四）の鍋島家京都留守居役の職務について「他方の留守居・銀主参会には、茶屋・芝居に参らず候はでは御用相済まず候」と、これを弁明しているのである。これらよりして元禄・宝永ころ（一六八八～一七一一）には留守居役たちの茶屋寄合が一般化されていたことを知る。

留守居役たちが寄合のためにもっぱら利用する料理茶屋は留守居茶屋（聞番《ききばん》茶屋）と呼

図２　深川の平清（歌川広重「江戸高名会亭尽」より）

ばれており、天明年間（一七八一〜八九）の田沼時代に名高かったのは江戸洲崎（現、江東区木場）の升屋《ますや》であった。店の座敷はぜいを尽くした造りで、庭内には数寄屋が二、三ヵ所も設けられていた由であった。

文化・文政年間（一八〇四〜三〇）に入ると、浅草山谷の八百善《やおぜん》、深川土橋の平清《ひらせい》が現れて、ともに留守居茶屋として盛況を呈した。

もとよりこれらの茶屋寄合が多大の出費を伴うことは言をまたないところであって、留守居役に大名家から支給される交際費は二〇〇両前後から五〇〇両の大金に及んだようである。薩摩の島津家や肥後の細川家にいたっては一〇〇〇両の巨費をもいとわず、これのために自由に使わせていたということであった。

茶屋寄合は必要悪か

前章の「留守居組合とは何か」の節の留守居組合の変遷史において見たように、彼らの遊興行為については幕府からも繰り返し禁圧を蒙り、また大名家の間でもこれを引き締めようとする試みもなされたのであるが、結局のところはそれらは無駄な努力に終わってしまったといってよいであろう。

留守居役および留守居組合に右のような法外な特典が許容されていたのは、大名諸家にとってその存在が不可欠のものであったからに他ならない。茶屋寄合での懇親は、組合内において行われる各種の情報提供に際して、友好的な便宜を供与して貰うための日ごろからの結束を意味していたと考えられる。

留守居廻状

手段としての留守居廻状

留守居役たちがその内部で廻状を送達し、各種情報を交換しあっていたことは前掲『落穂集』に早くより見え、寛文ごろ（一六六一～七三）のこととして「廻状等の儀も、右組合仲ケ間の外へは決て廻し申さず、主人々々の聞え達し、心得にも罷《まか》りなるべきかとこれ有る儀」を書き載せていた由である。

また前章でも述べたように宝永年間（一七〇四～一一）の幕令において、留守居仲間の内に「たしかならざる儀を書付け相廻し」「無益の雑説を廻状」に認めることへの警告がなされている。これはこの時期までに「留守居廻状」という情報媒体が一般化していたことを示すと同時に、その廻状の内に幕府の禁忌に触れるがごとき事項が記されていたことを示唆しているようである。

佐竹文書にみる留守居廻状

右の点については次章で述べることとして、ここでは留守居廻状というものの具体的な姿を見ておきたい。留守居廻状の実物は残念ながら得ることができなかったが、秋田藩佐竹家文書の中に、その写を見つけることができた。次のようなものである。

〔事例1〕　文政九年（一八二六）　大広間席留守居廻状写

廻状をもって啓上致し候、各様いよいよ御安全御勤なされ珍重に存じ奉り候、然《しかれ》ば玄《げん》蕃頭《ばのかみ》（有馬頼徳）、当四月参府につき、豆州三島駅宿入りの砌《みぎり》、金地院《こんちいん》上京に行逢《ゆきあい》申され候処、甚だ不法の儀これ有り、そのままにも差し置きがたく御座候につき、岩瀬伊勢守様ぇ御問合におよび候処、御差図これ有り候、仍《よっ》て金地院ぇ懸合ひ候処、役者松月庵を以《もっ》て、段々断りこれ有り候間、この上は存意《ぞんい》等もこれ無く、向後《きょうこう》の儀、尚《なお》更《さら》きつと申入置き候事に御座候、御同席様御一統（傍点筆者、以下同じ）に相拘り候の趣も申達し候儀につき、以来の御心得にも相なるべしと往復の書面類すべて五通、御目に懸け置き申し候、この段、貴意を得べく如此《かくのごとく》に御座候、已上《いじょう》

十二月

有馬玄蕃頭内
中島権兵衛
中村為之丞

御次第不同
松平加賀守　様
御留守居中様
松平越後守　様
同
松平伊予守　様
同
宗　対馬守　様
同
松平淡路守　様
同
此方（佐竹右京大夫）　様

同
松平備後守　様
同
織田出雲守　様
同
立花左近将監様
同
藤堂　大学　様
同

（秋田県立図書館所蔵、佐竹文庫「廻状」）

本史料は久留米藩有馬家（二一万石、大広間）の留守居役より廻達されて来た廻状の写《うつし》で、差出・宛所の人名よりしてその年次は文政九年（一八二六）と推定される。年代推定の根拠を簡単に記しておくならば次のとおりである。

すなわち中村・中島の両名が有馬家留守居に並ぶのは、文化九年（一八一二）〜天保七年（一八三六）の間であり（『武鑑』に拠る）、この時期に「藤堂大学」というやや変わった称号を用いている大名は、文政八年（一八二五）正月に家を嗣ぎ同四月一五日にはじめて就封した藤堂大学高猷《たかゆき》のことである。彼は翌九年一二月一六日には「和泉守」と称号を改めている。次に有馬玄蕃頭頼徳は、文政八年四月に帰国し、翌九年四月に参府している（『徳川実紀』）。よって本史料の年代は文政九年と推定される。

さて右廻状の報知内容とは、同年四月に久留米藩主有馬頼徳が参府のおり、京都南禅寺の塔頭《たつちゆう》にして禅宗総禄司の格式を誇る金地院《こんちいん》の一行と、路頭礼節を巡って紛議を生じた件につき「以来の御心得にも相なるべし」との判断から、この事件に関して金地院などと取り交わした往復書簡類五点の写を添付して閲覧に供するというものである。

この紛議というのは、東海道三島宿で金地院一行と出会った際、有馬側は御朱印持参寺社に対する通例の作法に則り惣供を片側に寄せて道を譲った。しかるに金地院側は有馬の行列に対して、さらに下座と笠取りを強要してきたために混乱を生じたのである。

紛議の落着と廻状の意義

その場はいちおう事なきを得たようであるが、有馬家では江戸到着ののち先例を調査して、同席中の申合規定に金地院を特別に扱うべき箇条の見えないこと、さらにこの件について幕府大目付（道中奉行）岩瀬氏記に「右寺院の儀は何そ格別の趣意はこれ有る事哉」を問い合わせたのであるが、その回答によっても有馬の行った「惣供ども片寄せ」以上にはなす必要はない旨であった。

これらの事実を確認したのち、有馬家は金地院側に強硬な抗議書簡を送り、そして後者から事実上の詫状《わびじょう》を意味する「請書《うけしょ》」を得ているのである。

国持大名諸家はかねてより、この種の道路上で相互に行き会ったときに取り交わす礼法である路頭礼節をめぐって、御三家や金地院などのような御朱印持参の寺社と争うことがしばしばであり、この種の問題にはきわめて敏感であった。そして右のような一連の事実は「先例」となって、将来に対して規範効力を及ぼしたことから、大名諸家はこれらの情報をあまねく収集すべく努めていた。右の留守居廻状はそのような要請の中で作成されていったのである。

ちなみにこの廻状に添えられていた往復書簡類とは以下の五点であった。

一、有馬より金地院への抗議書簡（九月）。大広間同席中の諸大名の申し合わせにも、また大目付回答にも金地院に対する特例なき旨の申入れ。

二、金地院よりの返簡（一〇月）。右書簡の趣承知の旨。

三、有馬より金地院への抗議書簡（九月）。この度《たび》の法外は聞き捨て流しとするも「以後のところ、得と御達し置き申す事に候」旨。

四、金地院よりの返簡（一〇月）。右書簡の趣《おもむき》、御尤《ごもっとも》と承知の旨。
五、有馬より大目付岩瀬への伺書幷附札（七月）。
これらは本事件をめぐる証拠資料として記録され、後々の時代にいたるまで同種の事案に対する先例上の根拠として機能することとなるのである。

大広間席留守居組合の廻状

さて廻状の方に話を戻すと、この廻状の宛所は順に加賀藩前田家（一〇二万二七〇〇石、大廊下）・津山藩松平家（一〇万石、大廊下）・福井藩松平家（三二万石、大廊下）・対馬藩宗家（一〇万石、大広間）・富山藩前田家（一〇万石、大広間）・秋田藩佐竹家（二〇万五八〇〇石、大広間）・大聖寺藩前田家（一〇万石、大広間）・丹波柏原藩織田家（二万石、大広間）・柳川藩立花家（一一万九六〇〇石、大広間）・伊勢津藩藤堂家（三二万三九五〇石、大広間）の諸家の留守居役である。

加賀前田と津山・福井の両松平が大廊下席であるのを除くと、他はこの時点で江戸城の大広間席の大名家であり、文面に「御同席様御一統」とあるところから右史料は大広間席の留守居組合の廻状であることを知る。

右の事例にあっては有馬家が自家に関して発生した事柄を報知したのであるが、一般的にはむしろ自家外のできごとにして偶々《たまたま》入手した情報を組合中に伝達するというのが留守居廻状の本来のあり方である。次に掲げる事例はそのような留守居廻状の日常的な姿を伝えているということができる。

〔事例2〕　寛政一二年（一八〇〇）　留守居廻状一覧

廻状にみる事件情報

東北大学狩野文庫所蔵『異説謾草』なる叢書の内に「寛政十二年庚申年三月ヨリ用廻状留」の表題を有する留書が収められている。その内容を表示し記載の一例を次に掲げる。これは大名の家臣が江戸町方で刃傷沙汰《にんじようざた》を起こしたことに関する事件情報である。

申七月廿七日未明、根岸肥前守様〔町奉行、根岸鎮衛〕ぇこれを差し出す

鳥居丹波守家来、用人方物書を相勤め候小森栄次郎と申す者、昨夜九段坂下辺にて町人三人ぇ手疵《てきず》負せ候につき、町方より御届け申し上げ候由承知仕《つかまつ》り、この段御届け申し上げ候、以上

七月廿七日

鳥居丹波守家来
伊東安右衛門

（中　略）

一、夕方栄次郎入牢仰せ付けられ候旨、肥前守様御用人より紙面にて申し来る

（中　略）

一、同八月廿四日朝、御用番戸田采女正〔老中、戸田氏教〕様ぇ御届

去月廿八日、御用番安藤対馬守〔老中、安藤信成〕殿ぇ御届け申し上げ候、私家来用人方物書相勤め候小森栄次郎と申す者、同月廿六日夜、飯田町にて町人三人ぇ手疵負せ候一件、根岸肥前守方にて追々吟味の上、相手喜十郎儀、法外に及び、止むを得ざる事、手負せ、右疵にて相果て候へ共、法外の始末、見留人もこれ有るに相違これ無く、外弐人の内、喜八は込み合ひ候場所故、抜身に当り疵付き、三五郎儀は抱留め候節、自分と疵付き候段、申口符合致し候につき、御構《おかまい》これ無き旨、右一件に引合ひ候徒士《かち》山平右衛門・小間遣川島巳之吉儀は、追々不束《ふつつか》の儀もなく候間、これまた御構これ無き旨、昨夕肥前守申渡し候、この段御届け申し上げ候

八月廿一日

鳥居丹波守家来
伊東安右衛門

右の通、阿部外より廻状到来につき写し置き候

これは鳥居家（下野壬生《しもつけみぶ》藩三万石）の家臣が町方で刃傷沙汰を起した一件についての関係書類の写であり、鳥居家より江戸町奉行根岸に提出した届書、鳥居家留守居伊東安右衛

門と町奉行の用人宮下貢右衛門との会談の留書、そして吟味落着後の鳥居家より月番老中戸田への届書などよりなっている。

鳥居家の家臣で用人方物書を勤める小森栄次郎と申す者が江戸町内において町人と口論となり、町人三人を負傷させ、そのうち一人を死亡せしめたという事件である。審理は町奉行根岸肥前守方で行われた結果、町人の側に法外の振舞いのあったことは目撃証人によっても明らかであり、よって小森は御構いなしの処置となったというものである。

「無礼討ち」の意味

この刃傷事件はいわゆる侍の「無礼討ち」(俗にいう「切り捨て御免」)の特権に関する興味深い事例である。しかも、これを裁いている町奉行の根岸肥前守というのが、随筆『耳袋《みみぶくろ》』の著者としても知られる名奉行の誉れ高い根岸鎮衛《やすもり》のことでもあることから、これはこれだけを眺めても結構楽しめる史料である。

それだけなら江戸の街でいくらでもある刃傷沙汰が、何故に留守居廻状で廻達されているかというと、いわゆる「無礼討ち」の特権はどのような条件のもとに成立するものであるかを、この事件の判決が物語っているからである。

それは通俗的に理解されているような、町人に対する侍の無制約の特権ではない。それは二つの条件を満たしていなければ成立しないのである。すなわち、第一に町人の側が侍を侮辱するような行為が明確に存在していること。第二にそれを目撃した第三者の立場の証人が存在すること、この二つである。この二つが充足されていなければ「無礼討ち」の特権は成立しない。たとえば、侍が泥酔して通行中の町人を斬り殺したならば、彼は斬首《ざんしゅ》刑に処せられるのである（『以上幷武家御扶持人例書』）。

幕府法の「無礼討ち」特権というのは武士の名誉を保護する規定であって、必ずしも町人の生命が武士のそれより軽いということを定めた規定ではないのである。

いずれにしても本事件の判決は、武士の「無礼討ち」の特権が明確に認められた事例であるということもあって、その情報は武家社会の中で充分に意義多きものであったと思われる。

廻状にみる情報伝達ルート

さて次に本情報の伝達ルートについて検討してみるならば、右史料の記載の末尾に「右の通、阿部外より廻状到来」とある点に留意する必要がある。この「用廻状留」はそれぞれの情報内容を記した後に右のような報知者についての注記を有している。注記はまた「水井信濃守様衆より到来」とか「大生・三橋外より廻状到来」のようにも書かれている。

表4　留守居廻状（寛政一二年）

日付	報知内容	廻状通達者
三月　四日	一橋家女中と鳥取池田家中との路上紛議一件、関係者「口書」、判決申渡書写	渡辺家
四月　二日	孝子褒賞申渡書写（幕府より町人市五郎へ）	本多家
四月　七日	双子出産、産穢届書写（酒井雅楽頭より幕府へ）	〃
二月二九日	甲斐御嶽参詣人馬差出方ニ付伺書幷付札写（青山大膳亮より幕府勘定奉行へ）	松平家（越後糸魚川）
四月　三日	宗旨錯乱一件ニ付奉行所吟味願や私領主手限吟味やの旨問合書幷付札写（某家より評定所留役へ）	（成瀬家）（本多家）
四月二〇日	二城在番堀近江守御預同心ら上京途中にて刃傷一件届書写（月番遠藤備前守より幕府老中へ）	岡部家
四月一二日	東叡山参詣時装束ニ付問合書幷付札写（松平大膳亮家より幕府大目付へ）	成瀬家
四月一八日	紅葉山予参時に将軍世子に目見、この後の御礼廻勤は通常の通りや否やニ付伺書幷付札写（堀口大蔵大輔より幕府へ）	〃
三月　晦日	呉服師茶屋四郎次郎ら御用物納品不埒一件、処罰申渡書写	〃
四月二五日	参府御礼前、江戸にて法事執行の可否ニ付伺書幷付札写（小笠原近江守より幕府老中へ）	本多家
閏四月　九日	屋敷小破の節、普請届出の有無ニ付伺書写（阿部播磨守より幕府普請奉行へ）	成瀬家

閏四月　二日	志摩国大風、海難事故の旨届書写〔稲垣信濃守より幕府老中へ〕	〃
閏四月一六日	孝子褒賞申渡書写〔幕府より町人きよへ〕	高木家
五月　九日	東海道より中山道への行程変更ニ付伺書幷付札写〔小笠原近江守より幕府勘定奉行へ〕	内藤家
閏四月二七日	息男聟養子の件ニ付御聞置書写〔松平遠江守より幕府老中へ〕	本多家
五月　晦日	助郷詰合時の喧嘩刃傷一件、他領引合事件ニ付奉行所吟味願書写〔小笠原平兵衛より幕府若年寄へ〕	〔本多家カ〕
六月一〇日	夫婦喧嘩刃傷一件、当事者死没により本埋葬の可否ニ付問合書幷付札写〔水野日向守より評定所留役へ〕	本多家
七月　一日	幕府石灰売捌仕法方ニ付問合書幷付札写〔諏訪因幡守より幕府勘定奉行へ〕	〔板倉家カ〔備中松山〕〕
七月　──	銀座処罰一件、勘定奉行への達書・勘定奉行よりの進達書・処罰申渡書写	〔同　右カ〕
閏四月一九日	夫出奔後、妻再縁は何年を限るべきか、又盲人同士の結婚の可否ニ付問合書幷付札写〔阿部播磨守より江戸町奉行へ〕	──
五月一三日	御家人橋本某行跡不良ニ付処罰申渡書写	渡辺家
八月　三日	息男改名ニ付届書写〔加納遠江守より幕府老中へ〕	松平家
七月一一日	息男有馬湯治ニ付伺書幷付札写〔岡部美濃守より幕府老中へ〕	岡部家
七月二七日	家中の者、町中にて刃傷ニ付届書写〔鳥居丹波守より江戸町奉行へ〕	永井家
七月　三日	前髪の者、半年代在所御暇願書写〔黒田大和守より幕府老中へ〕	板倉家〔備中庭瀬〕

注　「用廻状留」（『異説謾草』第一冊）に拠る。〝日付〟は報知された写書の日付。〝報知内容〟の配列は「用廻状留」の記載の順序に従う。〝廻状通達者〟は「廻状通達留守居の所属大名家」を意味する。

ここに阿部とあるのは永井信濃守（大和新庄藩一万石、菊間）の留守居の阿部仲右衛門、大生・三橋は本多豊後守（信州飯山藩二万石、帝鑑間）の留守居の大生勘右衛門・三橋新五右衛門であると判断される（『享和元年武鑑』）。したがってこの「用廻状留」は留守居廻状の留書であることを知るのである。

廻状をもたらしている各留守居の属する大名家は右の二家の他、松平家（越後糸魚川藩一万石、帝鑑間）・岡部家（和泉岸和田藩五万三〇〇〇石、帝鑑間）・内藤家（三河挙母《ころも》藩二万石、帝鑑間）・板倉家（備中松山藩五万石、雁間）・板倉家（備中庭瀬藩二万石、菊間）・高木家（河内丹南藩一万石、菊間）・渡辺家（和泉伯太《はかた》藩一万三千百余石、菊間）・成瀬家（尾張藩付家老、犬山三万五〇〇〇石）である。

ただしこの廻状を受けとった当の大名家は遺憾ながら不明である。それゆえにまた右の留守居廻状を通達している留守居役たちの組織も判然としない。殿席も帝鑑間・雁間・菊間と分かれている。共通性は五万石までの譜代大名家であるというまでである。今はそのような階層の大名諸家の留守居組合のそれとしてこの廻状を見ておこう。

廻状の報知内容は表4に示すとおりである。事件・事故・賞罰・服忌・縁組・諸伺《うかがい》など多岐にわたっていることを知るであろう。そしてこの場合に注目されるのは、廻状が単に事件や特定の行為についてその発生した旨を伝えるのみではなくて、それに関連して作成された文書類の正確な写を添えて伝達しているという点である。

事件情報であれば関係者の尋問調書である口書《くちがき》や処罰申渡書であり、諸伺の場合であれば当該大名家より幕府に提出された願書や伺書の写である。先に見た〔事例1〕の場合でもこの点は同様なのであって、関係書類の正確な写を廻達するのが留守居廻状の役割であり形式でもあったということができる。

添状書類の重要性

右のことの意味としては二つのことが考えられるであろう。一つは廻状の情報内容が虚説ではなくて真実であることを示す証拠性がこれに付与されているということである。留守居廻状が虚説を流布しているとの非難はしばしば繰り返されており、それへの対応上からも情報の伝達には確実な形式を獲得すべく配慮されていったと思われる。

今一つには、これらの関係書類が「先例書」として重要な意味を有するということである。前章（「江戸留守居役と留守居組合」）の松代藩の事例（一七ページ）に見たように、幕府に提出し付札をもって許可をされた他家の伺書の内容は、先例となって将来に対して一般的な規範効力を及ぼすものであった。

したがってすべての大名家にとっては、他家の許可を取り付けた伺書の存在とその文言字句の詳細を広く承知していることは、自家の諸々の行動にとって明らかに有利なことであり、それらは大名家にとって的確な判断を下すための有効な参考資料としての役割を果たしていたのである。

留守居廻状はこのように「以来の御心得にも相成るべき」との観点から、大名諸家の行動にとって参考に資すべき情報を豊富に提供する媒体として存在しており、具体的で証拠性を有し、直ちにそれに準拠しうるような確実な形式を備えていったものである。

規式通達の留守居廻状

留守居廻状には右の他に、対幕府関係で発生する儀礼儀式に関する事柄を専門に扱うものがあった。

すなわち留守居組合の中であらかじめ年番の世話役を設けておき、将軍家や幕閣の吉凶事をこの年番の留守居役が管掌し、自己の得た情報と判断で組合中に廻状を発して祝儀不祝儀の挨拶方を指示する。そしてこの指示に基づいて、諸家の留守居役たちは歩調を合わせてこれに臨んでいくのである。

この型の留守居廻状を次に掲げる。弘化元年（一八四四）一一月のもので、内容は前将軍家斉夫人の広大院《こうだいいん》の死去に伴う将軍家慶の服喪中の御機嫌伺いの使者派遣について、帝鑑間席の留守居組合ではその派遣日時を指定して廻達しているのである。

〔事例3〕　弘化元年（一八四四）　規式通達の留守居廻状写

廻状をもつて啓上致し候、然《しかれ》ば御在府の御方様、御機嫌御伺ひ使者、御登城これ無き日、二三日間おきに差出され候様御触につき、天保十一子年　浄観院（家慶夫人）様の御振合《ふりあい》をもつて、別紙の通り申し談じ仕り候間、貴覧に入れ候、猶《なお》思召しも御座候は、御遠慮なく仰せ下さるべく候、廻状御留より善左衛門方ぇ御返却下さるべく候、以上

十一月十三日

畑　惣右衛門
石井善左衛門

御次第不同

松代様
津田　転様　御廻状なし下され、有難く拝見仕り候、段々御手数の御儀、有難き仕合せ存じ奉り候、則ち奥村様・種村様ぇ御廻し申し上げ候
藤田繁之丞様
飯山様

寺田勘兵衛様
和田七左衛門様
佐野様
今井　金平様
新田　右門様
大垣様
奥村兵左衛門様
種村弥三兵衛様
小田原様
牟礼三郎大夫様
高月六左衛門様
忍　様
松平九十九様
和田孫兵衛様
中津様

甲斐理兵衛様
岡見嘉七郎様

（松代真田宝物館所蔵、真田家文書『御留守居方日記』）

右廻状には一一月一六日より一二月晦日までの使者を派遣すべき月日を記した別紙が添えられている。廻状の差出者の畑・石井の両者はそれぞれ、榊原家（越後高田藩一五万石）・松平家（伊勢桑名藩一一万石）の留守居である。

宛所は順に真田家（信州松代藩一〇万石）・本多家（信州飯山藩二万石）・堀田家（下野佐野藩一万八〇〇〇石）・戸田家（美濃大垣藩一〇万石）・大久保家（相模小田原藩一一万二二九石）・松平家（武蔵忍《おし》藩一〇万石）・奥平家（豊前中津藩一〇万石）の留守居である。右の大名家はすべて殿席が帝鑑間であり、この規式通達の廻状は帝鑑間席の同席留守居組合の場で授受されているわけである。

規式通達の重み

この規式通達事を扱う留守居廻状については、その内容がわれわれの目にはいかにも些末《さまつ》なことのように映るのであるが、問題はあくまでも当時の人間の価値観に則して理解されねばならない。右様の事柄も、落度を防ぎ面目を失する事態を回避せねばならぬとする大名諸家の要請の中では、充分な重みを有していたのである。

たとえば享保のころのことであるが、将軍が江戸城内にある紅葉山の廟所に参詣を行ったとき、事前の連絡のなかった不時の御成《おなり》であったので、高松藩松平家ではこれを知らず将軍の帰還時の御機嫌伺いの挨拶を欠いてしまった。以前にも同様の欠礼があったという。高松藩松平家は溜間詰の大名家であるために留守居組合をもっておらず、それによる情報不足がこれらの失態につながってしまったというのである（『会津藩家世実紀』享保六年〔一七二一〕四月一日条）。

だから規式通達の留守居廻状もまた、事件情報を扱う第一の型のそれに劣らず、当時の社会の中では充分に意味あるものとして存在していたのである。

留守居書状

本来の留守居書状

留守居書状とその類型　諸家留守居の間では廻状の他に、二家の留守居役の間で書状を授受することも行われ、これによってまた各種の情報が交換されていた。そしてこの留守居書状もまた、その伝達内容や通達手続きに基づいていくつかの類型に区分される。

本来の留守居書状は留守居役の職掌やその行動形態から直接に発するものであり、二家の留守居役の間で先例・旧格の問合わせやその回答をしたり、また特定の事柄への対応をめぐって当該大名家がどのような方針や存念を有しているのかを照会するような際に用いられる。

この種の情報交換は一般的には組合の寄合の席か、あるいは両家の留守居の面談の場で行われるのであるが、それが書面をもってなされるというケースである。その面談の機会がなかったか、あるいは会合のおりに提出された質問事項を持ち帰り後日に調査回答をするような場合に、この留守居書状が用いられるのである。

このような留守居書状のいくつかの事例を見ていこう。

書状にみる京極騒動回答

〔事例4〕寛文元年（一六六一）　留守居書状写

本事例は前掲の蜂須賀家文書『御旧記書抜』に記載されているものであり、一七世紀中ごろの寛文年間、丹後宮津藩の京極家に生じていた京極騒動と呼ばれる事件に関する書状の写である。

この京極騒動というのは、前藩主ですでに隠居している京極安知斎高広と、その子である藩主京極丹後守高国との父子対立を内容とするもので、幕府もしばしばその仲裁に乗り出していたのであるが、同家の内紛は多年にわたっており終息する気配がなかった。

次に掲げるのはそのような微妙な状況のもとで授受された留守居役の書状であり、蜂須賀家留守居役から送られた問合わせの書状に対する京極家留守居役の回答書状である。この記録の文章では最初に、そのような留守居書状が授受された経緯が簡単に述べられている。

一、京極丹後守〔京極高国〕殿、御同安知斎〔京極高広〕殿、間柄悪しく御座候て御老中まで、御父子御訴訟に御座候由承り及び候へども、定《さだめ》て御隠密たるべく候間、留守居とも方ぇ参、相尋ね候儀も如何に存じ奉り候、先《ま》づ切紙《きりがみ》をもつて尋ね遣し候処、返書左の通に御座候、右につき丹後守殿御発足の儀も未だ相分《あいわから》ざる旨に御座候

猪子喜之助様　　関　助太夫
寺西八郎右衛門様　　佐久間貞右衛門

先刻は御手紙に預り候へども、両人共に隙《ひま》入《い》り叶《かな》はず御座候故、即報能《あた》はず候、然《しかれ》ば安智と丹後守間の儀、取沙汰これ有る由聞《きこ》し召され、様子御尋ねなされ、御国ぇも仰せ上げられたきの旨、御尤《ごもつとも》に存じ奉り候、去年松伊豆守（老中、松平信綱）様御上京の砌《みぎり》、安智も上京仕り、丹後守儀を伊豆様ぇ色々悪しき様に申し候由、丹後守承《うけたまわ》られ、迷惑仕られ候段、御老中様ぇ申し入れられ候、定てその儀を何かと取沙汰《とりざた》御座あるものと存じ候、兼々《かねがね》御存じの通り、安智無躰《むたい》なる儀ばかりを申され、丹後守は申す

に及ばず、家中の者までも迷惑仕る事に御座候、別《べっし》て相替儀は御座無く候間、御心安かるべく候、若《も》し替る儀も御座候はゞ各様ぇは御知せも申すべく候間、左様に御心得なさるべく候、右の通に御座候間、この方ぇ御出に及ばず候、以上

二月廿三日

（国立史料館蔵、蜂須賀家文書『御旧記書抜』第三冊、寛文元年二月）

京極家の内紛を聞き及んだ蜂須賀家留守居の猪子・寺西の両名は、京極家留守居に手紙（「切紙」）をもって事情を問い合わせたこと、そしてこれに対して後者よりの返書があったこと、その内容は事態の経緯を説明し安智斎の無道ぶりを非難したのち、両人の来訪されるに及ばないこと、変事の発生した際には京極家側より報知する旨を約束したこと、等々が右の記事の概要である。

京極家留守居よりの書状の写を含む右の記事の全体は、その文言よりして猪子・寺西が蜂須賀家の執政方へ進達した報告文であると推定される。

書状の完型と様式上の特徴

さて右に収録された京極家留守居よりの書状は写であるとはいえ、近世初期の留守居書状の完型を伝えるものとして貴重である。様式面からいうならば第一に、蜂須賀家留守居よりの「切紙」（奉書紙や美濃紙を横に

半裁した紙）による問合わせに対する返書であるから、この書状もまた切紙様式であると考えられる。

第二に、差出・宛所が本文の前に記されているのはこれが書状の端裏に書かれていたことを示しているであろう。つまり書状をたたみあげた上面に、差出と宛所を記す略式の書状である。第三に、書状の書止め文言は「以上」であり礼語を用いない、やはり略式書状である。これらの諸点は後述する「奉札型の留守居書状」の中にも共通して見られるところであり、留守居書状の様式上の特徴を示すといってよいであろう。

情報の授受関係

次に、右に見たような、かなり立ち入った情報内容をもつ留守居書状を授受しあっている蜂須賀・京極両家の関係について検討してみよう。

当時の京極丹後守高国は宮津城主で七万八〇〇〇石余を有する中規模の大名であるが、祖父の京極高知が慶長六年（一六〇一）にこの地に入部した際には丹後一国（一二万三〇〇〇石余）を与えられていたのである。その後兄弟分知によって減石したわけであるが、分知した田辺・峯山の京極家をも併せて見た場合には京極家は依然として丹後国一円を領有しており、それゆえに京極丹後守家はこの当時も国持大名ないしこれに准ずるものとして扱われていたと思われるのである。

現に、この事件に近い寛文四年（一六六四）に、将軍が全国の諸大名の領地領有を確認して発給した領知朱印状には、宮津京極家が丹後一国を領有している旨が明記されている（『寛文朱印留』）。

他方、蜂須賀はまぎれもなく阿波国を領有する国持大名であり、右の留守居書状はこのような国持大名としての階層的同一性に由来する、留守居どうしの日常的交流——それはまた留守居組合成立の地平でもあるのだが——を基盤にして授受されていたのである。

参勤交代制度をめぐる書状

〔事例5〕　明和八年（一七七二）　簡略化された留守居書状（写）

次に掲げるのは秋田藩の佐竹家文書『御留記』という表題をもつ記録に記された記事で、近世中期における留守居書状の一例である。内容は大名の参勤交代制度をめぐるもので、国元発足直前に発病して出府が遅延した際の、幕府への届出規定に関する事項である。

手紙をもつて啓上致し候、いよいよもつて御堅固に御勤なさるべく珍重に存じ奉り候、然《しかれ》は一昨日は御寄合席において緩々《ゆるゆる》貴意を得て、大慶に存じ奉り候、その節御尋ねなされ候参府延引仕り候例、見合せ仕り候処、明和四年、大膳大夫（毛利重就《しげたか》）相勤の節、病気に罷《まか》りなり、延引仕られ候処、前年、濃州、勢州川々御普請御手伝相勤られ候処、参勤時節七月中と仰せ出され候処、参勤時節六月上旬、国元発足仕《つかまつ》らるべく候はずに候へども、持病の癪気《しやくけ》眩暈《げんうん》にて旅行相なりがたく、これにより右の段御届のため、同役吉田半兵衛儀、使者申付られ出府仕り、六月廿二日着府、使者相勤め、その後猶又《なおまた》一人使者指出され候て、八月廿八日使者をもつて、病気少々快気につき、当月中国元発足仕るべき候段、一応御届け仕られ候処、その後又々相勝れざる方につき、直《すぐ》猶又参府延引仕り候段、九月廿一日使者をもつて御届け仕り候所、その以後少々快く罷《まか》りなり候につき、九月九日押《おし》て発足致され候て、閏九月十一日着府仕られ候処、御医師遣され候御沙汰には御座なく候、右の外、この方にて参府延引の例は御座なく候、右一件につき猶又御問合せ候儀も御座候ば、随分仰せ下され候様存じ奉り候、右のため此の如くに御座候、以上

四月十一日　　　　　　　　肇

丹下様

（秋田県立図書館、佐竹文庫蔵『御留記』「一、御並方様御参府時節御延引の例」）

この記録には「松平大膳大夫様御留守居井上肇より太田丹下へ手紙」との注記があり、右の書状が佐竹家留守居太田丹下よりの問合わせに対する長州藩毛利家留守居（公儀人）

井上肇からの返書であることを知る。

文面にあるとおり、本件についての先例照会は留守居役たちの「寄合」（大広間席留守居組合の寄合）の場で行われたが、これについての調査回答が後日に右の書面をもってなされたということである。

毛利家回答書状

さて毛利家の先例としては、明和四年（一七六七）六月のこと藩主毛利重就が参勤発足の直前に発病して旅行困難となったために、使者を三度まで江戸に派遣して病状を説明し、結局、四ヵ月後の閏九月になって着府をしたという事例が一件あるのみとしている。

さして面白味もなさそうな参勤交代関係の先例報知である。しかしながら少し乱暴かもしれないけれども、この回答書状の文面はやや深読みができるかもしれない。というのはこの毛利家の参勤出府の遅延が、前年の濃州・勢州の河川御手伝普請と関連して語られているからである。

この御手伝普請のことは、その功労のゆえに参勤出府の時期が通例の四月から六月に延引されたという文脈で記されているのであるが、そうであるならば、毛利家ではさらにそれに乗じて出府時期を閏九月まで延引し、幕府もまたあえてこれを不問に付したという状況解釈も可能なのである。

幕府から臨時に命ぜられる大河川改修の御手伝普請が、さなきだに財政窮乏に苦しんでいる近世中期の大名家（藩）にとって死活の問題となっていたことは、薩摩藩島津家による木曾川の宝暦治水を持ち出すまでもなく周知のところである。これに対して参勤出府の時期を遅らせるというのは、江戸滞在期間を縮めることによって大名の出費を抑制する効果をもっており、幕府からする恩恵措置の一つでもあった。

実際にも前年の御手伝普請によって財政急迫に追い込まれていたであろう毛利家が、藩主の発病を理由にして参勤遅延に及んだであろうということは充分に考えられるのである。この書状の末尾で藩主の江戸到着の後も、幕府からとくに御医師の派遣ということはなかったと記しているのも、この病気の何たるかを暗示しているようにもとれる。

病気が口実にすぎなかったか否かはともかくとして、毛利家留守居役の井上肇が、毛利家の参勤遅延はあくまで前年の御手伝普請の履行と関連したものであることに注意を促している点は、見落としてはならないのである。

さて、この留守居書状は前掲〔事例4〕の留守居書状とはやや趣を異にして、先例旧格の応答を目的としたものであった。なお、この件について太田丹下は富山前田家留守居よりも回答の書状を得ている。そして富山前田家の留守居はこの時期、右の組合の成員ではなかったので、問合わせは書状でもってなされている。

右の書状については差出・宛所の記載が他のそれに比して簡略であるという点が指摘できるであろう。これは富山前田家留守居より来ったものも差出「山田」、宛所「太田公」と同様の書きぶりであることから、決して偶然ではない。これは報知の内容と書状の形式、したがってその書状の性格とが関連していることを示しているであろう。

奉札型の留守居書状

特性を有する書状の出現

近世中期以降になると前節に見たそれと用途を異にし、様式的にも顕著な特性を有する留守居書状が現れてくる。この型の書状の特性の第一はその通達の自発性にある。すなわち他家よりの問合わせに対する返書として発するのではなく、各大名家に発生する吉凶や役儀に関する事柄などを、その懇意の大名家に対して自発的に報知していく挨拶状の性格を有している。したがってこの型の書状による通達は「為御知事《おしらせごと》」と呼ばれているのである（「為御知《おしらせ》」の用語はこの型の書状のほとんどに明示される。さらにこの通達を「為御知事」と称することは国立史料館蔵真田家文書三七九・四五六号の書状に見える）。

特性の第二はこの型の書状は留守居の「奉札《ほうさつ》」、すなわち藩主の意命を奉じて作成授受されるという様式を備えていることである（「奉札」の呼称は後掲事例の真田家文書・南部家文書・蜂須賀家文書の中に見える）。

留守居はその職務の本性よりして、例格や一般情報の収集を自己自身の判断で行いうるのであり、そしてその目的の遂行のために他家留守居との間で諸種の互通文書を日常的に作成授受している。

奉札型の書状

しかし右の型の書状の通達に際しては、留守居はあくまで当該大名家の大名の侍臣たる立場を明確にしてこれに関与する。つまりこの型の書状にあっては、留守居が主人たる藩主の意命を奉じて当該書状を通達する旨の奉命文言を明瞭に備えることが様式上の特徴となるのである。したがってこの型の留守居書状は「奉札型の留守居書状」と呼ぶのが妥当である。

この型の留守居書状の実物は、幕末期のもの四〇〇点余が国立史料館蔵真田家文書の中に伝存している。次に慶応二年（一八六六）の留守居書状より一例を掲げ、同年五月中に諸家より真田家にもたらされたそれの概要を表示する。なお真田氏は信州松代一〇万石の城主で殿席は帝鑑間である。

〔事例6〕　慶応二年（一八六六）　留守居書状

（上ワ書）

『

【追筆】
「酒井若狭守〔酒井忠氏〕様の」
成田作右衛門
三井宇右衛門　』

真田信儂守様にて
北沢幟之助様

手紙をもつて啓上致し候、然《しかれ》ば去ル十五日大坂表に於て御用番稲葉美濃守（老中、稲葉正邦）様より御重役の者御呼出にて、当時敦賀表に罷《まか》り在り候水戸様元御家来、兼《かね》て遠嶋仰せ渡し置かれ候処、慎方格別よろしき趣《おもむき》相聞へ候につき、出格の訳をもつて遠嶋御差免仰せ渡され、当分の内、若狭守様ぇ御預仰せ付けられ候旨、御書付をもつて仰せ渡され候、右御知らせ仰せ進られ度《たく》、この段各様まで宜しく御意を得べき旨仰せ付られ、斯《か》くの如く御座候、以上

五月

右は酒井家（若狭小浜藩一〇万二五五八石、帝鑑間）の留守居より真田家留守居に宛てられており、報知の内容は先に敦賀表において遠島を申し渡されていた水戸天狗党の者を釈《ゆる》し、酒井家の御預けに変更する幕命のあった旨である。

さらにこの系統の留守居書状の事例を掲げよう。

〔事例7〕　慶応四年（一八六八）　留守居書状

（上ワ書）

「
松平大和守内
三上雄之進

真田信濃守様

岩倉弥右衛門」

御留守居中様

手紙をもつて啓上致し候、然《しかれ》ば大和守義、御用御座なされ候間、早々上京致され候様、御所より御沙汰を蒙《こうむ》られ候につき、来ル九日卯中刻《うのなかのこく》、御当地発足致され候、右御知らせ申述られ度《たく》、この段各様まで、宜しく御意を得べき旨申付られ、如此《かくのごとく》御座候、以上

二月三日

これは慶応四年二月、前橋城主の松平直克が朝廷よりの上洛命令に基づいて、江戸を出

立する旨を真田家に報知しているのである。差出の三上・岩倉は松平家の留守居である。また真田家も同じく二月二一日に上洛しており、その旨を、この型の留守居書状をもって諸家に報知している。

この上洛は戊辰《ぼしん》戦争のただ中で、諸大名にとっては朝廷か幕府のいずれに与《くみ》するかという厳しい選択と決断を迫られた重大問題であり、諸大名は他がどのような行動を選択するかに神経をつかっていたのであるが、それをめぐる報知がこの型の留守居書状によって担われているのである。

報知内容の多様性

さて、表5によってこの留守居書状を報知内容の面から検討してみるならば、この時期が第二次長州戦争の直前にあたっており、そのような時代的特殊性を強く映している反面、それと直接には関わりのない留守居書状の一般的な性格も表わしているようである。

その報知内容を概括するならば、冠婚葬祭・服忌・家督・官位叙任・役成・賞罰・領知加増・登城召・勤役・参勤就封・屋敷替・屋敷玄関来客応接方などを挙げることができるであろう。その他、五節句の祝詞、また特殊なケースとして婚姻（あるいは急養子）についての相談方申入といったものもある。吉凶・特命を中心にして大名家に発生する事項の

表5　留守居書状（慶応二年五月）

日付	報知大名家（藩名・家名）	差出者	報知内容	宛所
二日	福島　板倉	留守居	板倉家、家督相続許可ありし旨	留守居
三日	沼田　土岐	用人	坂井飛驒守女、縁組不調となりし旨	用人
四日	請西　林	（不詳）	肥後守、禁門の変の折の指揮行届たるにより時服拝領の旨〔奉廻状〕	―
五日	高松　松平	用人カ	端午の祝詞	用人
六日	岡　中川	留守居カ	修理大夫女と広橋大納言嫡男との縁組の件ニ付、相談申入	留守居
七日	一ノ関　田村	留守居	田村家、常磐橋御門番命ぜられし旨	〃
	広瀬　松平	〃	佐渡守、神田橋御門番命ぜられし旨	〃
九日	西尾　松平	用人	主水正、病気ニ付寺社奉行の御役御免願い出し旨	〃
一〇日	小幡　松平	留守居	御預人毛利淡路家来差送りしニ付、本日より表玄関にて諸家来客方引請に相成りし旨	〃
	加賀　前田	用人	加賀守、本日、宰相拝任を命ぜられし旨	〃
	安中　板倉	留守居	毛利家裁判ニ付御預りの毛利淡路家来、幕命により芸州表へ一昨日品川より出帆差送りし旨	〃
一三日	忍　松平	〃	同氏織部正奥方、危篤の旨	〃
	松山　板倉	用人	真田家信州の内で八千石加増の件への祝詞	用人

日付	報知大名家（藩名・家名）	差出者	報知内容	宛所
一四日	松山　酒井	留守居	紀伊守、親類死去ニ付服忌の旨	留守居
	犬山　成瀬	〃カ	隼人正、親類死去ニ付服忌の旨	〃
	西尾　松平	用人	主水正、病気ニ付奏者番・寺社奉行免ぜられし旨	〃
一五日	福島　板倉	留守居	板倉家家督相続の登城御礼、首尾よく済みたる旨	〃
一八日	盛岡　南部	〃	美濃守女、此度出府し麻布下屋敷へ入りし旨	〃
一九日	新庄　戸沢	〃	戸沢家、将軍征長進発中の留守居警衛を命ぜられし旨	〃
二〇日	浜松　井上	側用人	井上家、常磐橋御門内拝領屋敷へ移るべき旨	用人
二六日	大垣　戸田	留守居	戸田家、当七月より京都警衛命ぜられし旨	留守居
	高松　松平	用人カ	讃岐守、御用ニ付明日登城を命ぜられし旨	用人
二七日	小城　鍋島	留守居カ	欽八郎親類死去ニ付服忌の旨	留守居
	西尾　松平	留守居	西丸大手御門番を命ぜられし旨	〃
	広瀬　松平	〃	佐渡守、願いの通り再縁組許可されし旨	〃
	鹿島　鍋島	〃	備中守、親類死去ニ付服忌の旨	〃
	宇和嶋　伊達	用人	遠江守、親類死去ニ付服忌の旨	用人
	佐倉　堀田	留守居	相模守妹、松平能登守への縁組許可されし旨	留守居
	吉田　松平	〃	刑部大輔養方大叔母、松平佐渡守との再縁の儀、許可ありし旨	〃

	長岡　牧野	（不　詳）	備前守、今日西丸大手御門番免ぜられし旨	留守居
	高松　松平	用　人カ	讃岐守養妹、縁組のこと幕府より許可ありし旨	用　人
二八日	亀山　松平	用　人	幕府より大手御門番を命ぜられし旨	〃
	浜松　井上	側用人	真田家、無事京着の件への祝詞	〃
（日付不詳）	高須　松平	留守居カ	松平家、法事執行方	留守居
	島原　松平	中　老	松平家、法事執行方	用　人
	高崎　松平	用人 留守居	松平家、法事執行方〔奉廻状〕	―
	小浜　酒井	留守居	遠嶋申し渡されし水戸天狗党の者、慎しみ方宜しきにより酒井家預りとなりし旨	留守居
	飯田　堀	（不　詳）	石見守、大坂表警衛命ぜられしニ付当地発足の旨	〃
	安中　板倉	留守居	板倉家、法事執行方	〃
	忍　　松平	留守居	同氏織部正奥方葬儀執行方	留守居
	鳥取　池田	〃	因幡守、国元妾腹の男、此度奥方の養嫡子となすべき件、幕府より許可ありし旨	〃
	桑名　松平	家　老カ	越中守、京地の八幡・山崎関門の築造の功を賞せられ時服を賜いし旨	家　老
	（不　詳）	（不　詳）	真田保麿家督祝儀への答礼として干鯛進献の旨	用　人

注　国立史料館蔵真田家文書に拠る。宛所はすべて真田家。

巨細《こさい》・多岐にわたっている。

次にこの留守居書状を様式面から検討してみよう。真田家文書中に伝存する、他家よりもたらされた留守居書状は定型化された様式性を有しており、その特徴は左に列挙するとおりである。

書状の様式と特徴

この奉札型の留守居書状と関係のあるものとして、盛岡藩の南部家文書の中に『御内勤《ごないきん》留《とめ》』『御在府御留《ございふおとめ》』『御内勤雑書《ごないきんざつしょ》』等の雑多な表題を有する一連の留書がある。記載内容からみてこれらは同一の文書類型性を有していると判断できるので、便宜的にこれらの留書に『御在府御内勤留』という統一的名称を付与しておこう。

さて、この留書は南部家（奥州盛岡藩一〇万石、柳間）と大名諸家との江戸における交際方を記録しており、その中に南部家留守居と他家留守居との間で（または用人《ようにん》間、年寄間で）授受された書状の摘要が収められている。次にその記載事例を示し、天明六年（一七八六）九月分の他家より来ったものを表6に掲げよう。

〔事例8〕　天明六年　留守居書状留書

一、松平内蔵頭（池田治政）様衆より、あなた御領分備前国・備中の内、当八月廿九日・九月六日大風雨洪水につき、田畑水押砂入等、御損毛高《そんもうだか》四万九千四百四拾八石余、

右の外破損所、潰家、怪我人等も御座候段、御用番様ェ御届仰上られ候由、御知らせ
申来り、右御見廻《みまい》、翌日御留守居より
（盛岡市公民館蔵、南部家文書『御在府内勤留』天明六年閏十月朔日条）

これは備前藩池田家より南部家に来った書状の内容を摘記した記録で、池田家の領分備前・備中の内で洪水損毛高四万石余が発生したことを幕府に届出た旨を報知したものである。この留書の記載様式からして、使者をもって報知のあった場合にはその旨が明記されるので、「申来」とある場合には書面による報知であると判断される。

この『御在府御内勤留』に記された内容を先の真田家文書の留守居書状と比べた時、次のような点にその同一性を認めることができる。

第一に吉凶・家督・役儀から始まって、屋敷玄関での来訪者の応接方にいたるまでの報知内容の類似性。第二に自家に発生した事柄を巨細となく「為御知事」として報知していく自発的で日常的な性格。第三に服忌・家督・領内損毛高などの報知に際して、直接的にではなく、右の事柄を幕府に届出た旨を伝えるという間接的報知の形式、等々である。

たしかに『御在府御内勤留』の記載のあり方からして書状の差出者は「……様衆」とあって留守居であるとは明記されていないが、当該書状に対する返書が南部家の留守居の手

表6　留守居書状留書（天明六年九月）

日付	報知大名家（藩名・家名）	報知内容	返書差出者
一日	※結城　水野	持病にて参府延引せしところ、今日着府の旨	留守居
二日	※姫路　酒井	病気に付滞府養生の件、幕府より許可ありし旨	〃
三日	※加賀　前田	表門修復中に付御客取次は裏玄関にてなす旨	〃
	※棚倉　小笠原	病気に付滞府養生の件、幕府より許可ありし旨	〃
四日	△麻田　青木	将軍家に対し家督御礼済ませし旨	〃
五日	※（内証分）浅野	湯治出立延引の旨	〃
六日	浜松　井上	井上家法事執行方	〃
七日	※村上　内藤	親類死去ニ付服忌の旨	〃
	△新見　関	病気ニ付滞府養生の件、幕府よりの許可ありし旨	〃
	△秋月　黒田	黒田家法事執行方	〃
八日	※結城　水野	日向守病気ニ付参勤御礼献上物は使者を以てなせし旨	〃
	△久居　藤堂	藤堂家法事執行方	〃
一一日	高須　松平	弟富之丞死去ニ付服忌の旨	〃
一二日	△七日市　前田	大和守病気重体の旨	〃
一三日	△佐土原　嶋津	無事帰邑せしニ付幕府へ御礼使者派遣の件	〃
一六日	※白河　松平	関東出水ニ付上州通にて帰邑の件、幕府より許可ありし旨	〃
	△出石　仙台	在所但馬出石、風水害ニ付幕府へ届出し旨	〃

	※高槻　永井	無事帰邑せしニ付幕府へ御礼使者派遣の件	用人
	※田辺　牧野	同　右	〃
一七日	△亀田　岩城	幕府より駿府加番命ぜられし旨	留守居
	※丸岡　有馬	無事帰邑せしニ付幕府へ御礼使者派遣の件	〃
一八日	△赤穂　森	病気滞府せし処、此節快方ニ付当地発足すべき旨	〃
	※村上　内藤	親類死去ニ付服忌の旨	〃
一九日	△七日市　前田	大和守重体ニ付、同姓大聖寺前田家より急養子をなすべき願書を幕府に提出せし旨	〃
	△苗木　遠山	大坂加番交代相済、着府せし旨	〃
二〇日	※加賀　前田	三戸主計病死の件ニ付、南部家へ悔申来	〃
	中津　奥平	幕府より遺領安堵されし旨	〃
二一日	※阿波　蜂須賀	蜂須賀氏奥方病死幷服忌の旨	〃
	浜松　井上	親類死去ニ付服忌の旨	〃
	△七日市　前田	前田大学、大和守急養子となり服忌の旨	〃
二二日	薩摩　嶋津	嶋津富之進、奥平家養子となり遺領相続ありし旨	〃
	※丸岡　有馬	三戸主計病死の件ニ付南部家へ悔申来	〃
二三日	※柳川　立花	奥方病気重体ニ付、表方にて見舞を引受くべき旨	〃
	△亀田　岩城	病気ニ付駿府加番発足延引の許可ありし旨	〃
	※明石　松平	将軍家治出棺の際の道固めを命ぜられし旨	〃
	郡山　柳沢	同　右	〃

二四日	※高田　榊原	同　右	年寄
	※高槻　永井	在所風水害ニ付、城・屋敷・家屋の破損高、幕府へ届出し旨	用人
	△岡　中川	将軍家治出棺の際の道固めを命ぜられし旨	留守居
	上山　松平	病気ニ付、出勤防場所へは人数のみ差出すべき旨	〃
	※筑前　黒田	立花家奥方死去なれど黒田氏に服忌は無き旨	用人
二五日	伊勢　藤堂	将軍家治出棺の際の道固めを命ぜられし旨	留守居
	※備前　池田	立花家奥方死去ニ付服忌の旨	〃
	※庄内　酒井	同　右	〃
	※白河　松平	同　右	〃
二六日	△蓮池　鍋島	病気ニ付参勤遅延、九月中参府を幕府へ届出し旨	〃
二七日	※柳川　立花	立花家奥方葬送執行方	〃
	※加賀　前田	今日参勤着府せし旨	〃
二八日	勝山　三浦	今日在所へ発足せし旨	〃
	※松代　真田	病気滞府のところ来月朔日当地発足すべき旨	〃

注　『御在府御内勤留』（南部家文書）に拠る。※印は南部家の近親大名家、△印は柳間席大名家。返書差出者はすべて南部家。

でなされていること、および南部家側より同種書状を他家に差し出すに際して「御留守居以奉札申遣之」とあるところからして右の来状が諸家留守居によって差し出されたと考えて差し支えないであろう。

留守居組合問合書

互通文書の第三類型

留守居組合における互通文書を大別したとき、第三の類型をなすのは「留守居組合問合書」と名づくべきものである。留守居組合問合書は留守居組合の先例索出機能に対応した文書類型であり、右の目的を簡便・迅速に遂行する機動性を備えている。

留守居組合問合書の事例を次に掲げよう。これは最初の章でも取り上げた『武営政緒録《ぶえいせいちょろく》』なる、留守居役が管掌した幕府関係の先例記録をまとめた書物に記されているものである。ただし、その問合書の差出者は遺憾ながら不明である。

これには、注記として「一、榊原式部大輔《さかきばらしきぶだゆう》様にて公儀より、御倹約向仰せ出され候節の一件問合のところ、付札《つけふだ》にて挨拶これ有り、左の通」とあり、某大名家より高田藩榊原家に問い合わせたことを知る。案件の内容は、榊原家が財政逼迫のため天明二年（一七八二）に幕府より、榊原家の勝手向取直しまでの間は、公辺勤向などすべて本来の領知高である一五万石を縮めて五万石の格式でなすべき命があった際の諸事項について問い合わせたものである。

〔事例9〕　年不詳　留守居組合問合書写

一、御倹約向仰せ出され候御書面の趣

付札

天明二寅年十月四日

領知所替以後、先の領知より収納相減し年来困窮につき、家筋思し召され候につき、格別の御沙汰をもつて、拝借仰せ付けられ候、勝手向取直候までは五万石高の格合なし下され候間、公辺勤向を始、献上物そのほかともに右の高に准じ相勤むべく、御用など仰せ付けられ候とも、右の高格好の御用仰せ付けられべく候、相応に勝手向、本高の勤相なり候はゝ、その節本高の勤仰せ付けらるべく候

一、右仰せ出され候節は御用召《ごようめし》にて御登城遊され、仰せ渡され候御儀に御座候哉、若《も》しまた御用番《ごようばん》様御宅ぇ各様御呼出にて仰せ渡され候哉

付札

天明二寅年十月四日

前日御連名の御奉書《ごほうしょ》をもつて召させられ、式部大輔病気につき、名代として兵部大輔登城致し候ところ、芙蓉の間において、田沼主殿頭（老中、田沼意次）様、水野出羽守（老中格側用人、水野忠友）様御列座にて主殿頭様御書付御渡なされ候

一、右仰せ出され候節、御礼御廻勤《ごかいきん》等にても遊され候哉、または御使者をもつて仰せ述べられ候哉

付札

御礼として御老中様・御側御用人水野出羽守様・若御年寄中様、残らず廻勤致し候

（『武営政緒録』）

問合わせは一ツ書の形で三ヵ条にわたってそれぞれ簡潔に記され、その回答は各箇条に対して回答内容を記した「付札《つけふだ》」を添付する形で返進されているわけである。

問合わせ内容と回答

問合わせの第一条は、今回の倹約措置について幕府から申し渡された文面はどのような内容のものであったかについてであり、榊原家側はその文言をそのまま記して回答している。

第二条は、この幕命の伝達に際しては藩主自らが江戸城に登城のうえでなされたのか、それとも家臣（留守居役）が老中の役宅へ呼び出されて申し渡されたのかの旨の問合わせである。これに対する回答は、藩主榊原政永が病気であったので、隠居の前藩主榊原政岑が名代で登城したところ、城中芙蓉の間に老中田沼意次と老中格側用人の水野忠友が列座のうえで書付をもって申し渡された、というものである。

第三条は、この幕命に対する御礼は藩主自身で幕府重役に挨拶廻りをなしたか、あるいは使者を派遣するやり方であったかの問合わせであり、回答は藩主自身（この場合はその名代である榊原政岑と思われる）で老中・側用人・若年寄のそれぞれの屋敷に出向いて挨拶をする廻勤の方式であったことが述べられている。

この問合書の差出者については不明であるが、これを収めた『武営政緒録』という書物がそもそも大名留守居の手によって作成された範例集であると推定されるところからして、この問合書（および回答付札）もまた留守居役どうしによって授受されたと考えられるのである。

このような留守居役どうしの日ごろからの交流や留守居組合における関係を踏まえて、著しく簡潔な形をもって各種問題の照会を行う右のような様式の文書は「留守居組合問合書」と名づけることができるであろう。

この留守居組合問合書は留守居間での書状往返を一つの文書中に簡略化して纏《まと》め上げてしまっており、これは前節〔事例5〕に見た本来の留守居書状の類型から発展し、これに取って代わった文書類型ということができるであろう。実際この〔事例9〕の書面文言には書状のそれの名残りをとどめているのである。

しかしこの留守居組合問合書の文面は極度に簡略化され、書状のような挨拶文章はまったく見られず、問合わせ事項と回答内容のみが事務的に記されるにすぎなくなってしまい、留守居書状から離れてその独自性を強めていくのである。

次に具体的な事件について、この留守居組合問合書という文書類型がどのように使用されるのであるかを検討してみよう。

問合書の使用例

安政五年（一八五八）五月のこと、水戸徳川家の使者が松代藩真田家の江戸屋敷に来った。使者は真田家に対して型通り用向きの口上を述べて帰ろうとしたが、この退出時の作法をめぐって紛議を生じた。

すなわち水戸家使者の言うには、御三家の使者は来訪時には正門脇の潜り門より入るも、退出時には正門を開き、これより出るのが例である。真田家が正門を開けぬのは無礼であるとのことである。

真田家側は御三家使者といえども、潜り門より退出すべきが自家の例格であるとして譲らず、結局、水戸の使者は口上の取消しを宣告して引き上げてしまった。本件は平大名が御三家を相手に事を構えるという、穏やかならざる状況へと突き進んでいきかねないものであった。

真田家は仲介者を通して水戸家との和解を計ったが、水戸家からは真田家に対して御三家使者の送迎作法についての明確な回答を出すべしとし、「もつとも御答次第にて尾張殿、紀伊殿ぇも申し合され候事」と、威嚇的とも受けとれる申し入れをしてきた。

これに対して真田家は自家の先例を確認する一方で、次のような留守居組合問合書を他家に送付し、各大名家における御三家使者の送迎礼の旧格を照会した。

〔事例10〕安政五年　留守居組合問合書

〔端裏付箋〕

(a)「郡山様」

一、御三家様より御使者入来の節、御開門御座候や、出入とも御門潜より通行に御座候や、御振合《ふりあい》相伺たく候事

但、御門番人、面番所に居成りのまま辞儀仕候や、又は下座台まで下り辞儀仕り候や、これまた相伺候事

（下札）

「御三家様方御使者参られ候節、表御門潜りより相通られ候へばその儘《まま》にて相通し、帰られ候節は御取次の者、下座鋪まで相送り、大御門相開候事

但、突掛ヶ潜りより相通り候節は、御門番の者、居成りにて辞儀いたし、帰りの節は大御門相開候につき下座台ぇ下り候事

附り、大御門ぇ向ヶ参られ候節は開門に及び、御門番の者、下座台ぇ下り辞

儀いたし候事」

〔端裏付箋〕
(b)「高田様」

一、御三家様より御使者入来の節、御開門御座候や、出入とも御門潜より通行に御座候や、御振合相伺たく候事
但、御門番人、面番所居成りのまま辞儀仕り候や、又は下座台へ下り辞儀仕り候や、これまた相伺候事

(下札)
「御三家様より御使者入来の節、この方様にては先々より先格にて御開門御座無く、出入とも御門潜より通行に御座候、尤《もっと》も御門跡様も右同断に御座候事
但、御門番人面番所とも、平日諸家様よりの御使者の通り御取扱御座候事」
(国立史料館蔵真田家文書「安政五年、御三家使者送迎礼紛議一件」)

ほぼ同文の留守居組合問合書に対して、このように下札《さげふだ》をもって回答が寄せられている。留守居組合問合書の端裏に(a)は「郡山様」、(b)は「高田様」と記した付箋が添付されていることからして、(a)は大和郡山藩の柳沢家、(b)は

下札による回答

越後高田藩の榊原家に宛てた留守居組合問合書であり、両家では回答の下札をつけて留守居組合問合書ともども真田家に返進しているわけである。

同様の留守居組合問合書は庄内藩酒井家・小倉藩小笠原家・中津藩奥平家・大垣藩戸田家・小田原藩大久保家のものが伝存している。これら伝存している留守居組合問合書の料紙（文書に使用されている紙）は薄手の美濃紙で、縦一六センチ・横一五センチほどの切紙である。回答下札も同じく美濃紙系の小紙片である。

真田家の役人は右文書について「御同席様御高並にては如何の御取扱に相成り居り候や、御留守居より問合せ候ところ、別紙六印七通一結下札の通、御取扱に相成り居り候」と説明しているのであり、右の問合書が真田家留守居の手で作成送付されたことを知る。回答を与えた人間は柳沢家以下の留守居であると見てよいであろう。

真田家を含めた八家はともに帝鑑間席大名であり、そしてこれら八家の留守居が留守居組合を構成していたことは前述したところであり、右の問合書および回答下札が留守居組合の基盤のうえで作成授受されていたことが確認される。

さて右の下札の回答に拠ると、御三家使者に対する退出作法は各家とも区々であり、柳沢家のように退出時には正門を開け門番下座でこれを見送るという厚礼を採る大名家もあったが、少なくとも榊原・戸田・小笠原の三家は真田家と同一の格法を採っていると判断され、真田家ではこれに基づいて水戸家に対して返答をなしている。

すなわち真田家より水戸家への返答文面は、「御家にては御三家様、御付ヶ御家老は勿論、並の御家老にても出入共御開門、その外の御使者は出入共、潜より通行御仕来の御定に御座候」というものであり、家老使者以外の一般使者に関する限り、出入りともに潜り門を使用するという真田家の従前の処置を貫く旨を述べている。

本件に関してはそれ以上に書状などは残されていないので、右の形で決着を見たものと思われる。

問合書の特色

留守居組合問合書の事例については以上のごとくである。この型の文書に共通に見られる特色は留守居組合問合書・回答下札ともに差出・宛所（さらには月付までも）の記載を有さないということであり、授受関係を示す唯一の標識は〔事例10〕に「郡山様」「高田様」と記された端裏の付箋のみである。

この留守居組合問合書には別に、これを送付する旨の添書状のあった形跡は見られない。もし書状を添えるのであれば、そもそも書状の中にこの問合わせ事項を織り込めばよいのであるから添状はなかったと考えざるをえない。したがってこの留守居組合問合書という文書類型の授受手続きは、使いの者がこれを相手方の留守居の下へ持参し、口頭で問合わせの趣旨を説明するようなものではなかったかと推定されてくるのである。

このように留守居組合問合書は書状のもつ形式的繁雑さを一切除去し、事務的事項の処理のみを目的として極限まで純化された文書の類型である。それは留守居組合が果たすべき先例照会・情報収集という機能の実現を目的として、かつこれを迅速・大量・広範に処理するという要請から生み出されていった、純粋で実質的な文書類型であるということができるであろう。

江戸留守居役・留守居組合の活動

先例・旧格の照会活動

ここまで留守居役《るすい》と留守居組合の制度や情報交換の媒体について述べてきたが、本章では、その情報の具体的な内容と、各種の媒体を駆使した彼らの活動の実態を検討することによって、留守居役および留守居組合が近世の武家社会の中で有していた歴史的な意義について考えていきたい。

日常的な活動

先例・旧格の照会は、留守居役および留守居組合の日常的な活動の中心をなしている。江戸城における殿中作法に始まり、寛永寺・増上寺への参詣次第、将軍家への献上方や吉凶見舞いといった純然たる規式に関するもの。河川の改修工事や江戸城の修築をめぐる御手伝普請や朝鮮信使接待御用のような大名課役に属する諸問題。さらには幕府の法度《はっと》や触書《ふれがき》などの法令の受容を巡る事柄にいたるまで、およそ大名諸家が踏み行うべき一切の行動は先例に準拠していた。それはまた、幕府政治の運営原則が先例準拠を第一としていたからに他ならないのである。

それゆえに、先例・旧格をめぐる照会活動は、留守居役および留守居組合のもっとも重要な機能の一つであったということができる。この問題を、いくつかの事例に即して見ていくこととしよう。

〔事例1〕　延宝四年（一六七六）七月　藩札発行方法の照会

長州藩の銀札発行問題

長州藩三六万九〇〇〇石の毛利家では、藩領域内の経済活動も盛んとなってきた一七世紀半ばの延宝四年になって、はじめて自領内で銀札（藩札）を発行することを計画した。しかしながら、この銀札の発行ということこれまで例のない問題の実施に際して、これがはたして対幕府関係において問題を生じないものであるか否かが大いに危惧されるところであり、毛利家ではこの点を諸家に問い合わせている（『毛利十一代史』第二冊）。

照会活動の中で播州姫路藩の松平大和守家に「札遣《ふだつかい》仕り候功者」のあることを知り、毛利家では同家の銀札担当者をこの者と会談させている。その結果、この松平家の者より

「公儀向へきつと御伺にては札遣、相成らざる首尾に候」、つまり幕府に表立って正式に伺い出たならば却下されるだけのことである。そして「いづ方にも札遣候所あまたこれ有るにつき、左様の所を御聞き合せにて大和守様（松平直矩《なおのり》）にも札遣仰せ付られ候」との説明を受けた。

この発言に基づいて毛利家内部で協議した結果、「この御方の儀も公儀へ御伺候はゝ相成るまじく候、御並多き事候間、先づ札遣仰せつけられ然《しか》るべし」と決し、「公儀へは終《つい》に内伺無き」ままに銀札発行に踏み切っている。

すなわち藩札の発行というような問題は、幕府に対して公式に出願したならば却下されてしまう可能性が高いこと。しかし世上では多くの大名家（藩）においてこれを行っているのであるから、世間並の行為として実績を挙げてしまうのが得策であるとする認識に達して、これを実施に移しているのである。

右一件では史料の上には留守居役という名はとくには明示されていないが、大名諸家の銀札発行状況を調査し、松平家の役人との会談を設定したものが毛利家留守居（公儀人）であったことは事柄の性質からして間違いないであろう。

〔事例2〕寛延三年（一七五〇）九月　御手伝普請の先例問合わせ

阿波藩の御手伝普請

寛延三年九月、阿波藩蜂須賀家（二五万七〇〇〇石）は日光東照宮の御手伝普請を命ぜられた。この件について同家では普請時の「頭立候役人」、すなわち同家の普請役人団のうち指揮官となる重役の家臣の員数をいかほどにすべきかについて、江戸留守居役をもって御手伝普請の有経験者である越前藩松平家（三〇万石）に問い合わせている（国立史料館蔵蜂須賀家文書『御旧記書抜』）。「頭立候役人」は総奉行以下、普請の際の実働方と勘定方の主軸役人を指し、その員数は自動的に従事する普請役人団の規模を決めることになる。そしてそれは大名家の「家格」の高下に関わる事柄であるために、大名諸家の大いに意を用いるところであった（大森映子「備後福山領元禄検地をめぐる政治過程」）。

蜂須賀家の元文元年（一七三六）の大井川普請の時それは一一人であったが、松平家の日光普請では一三人であったということであり、この回答に接した蜂須賀家では自家もまたそれに合わせたいと考えた。

しかし越前家留守居の言うには、「頭立候役人」については普請終了後に公儀拝領物もあるため、幕府は増員には難色を示すであろう、越前家の場合も一三人は多すぎると言われたが「御先格を仰せ立てられ」てその主張を通したという経緯があり、蜂須賀家の増員は覚束《おぼつか》ないと思われるとのことであった。

しかしながら蜂須賀家は、越前家の先例をもって幕府に強く申し立てたのであろう、その後の経過を見るならば、結果的にはこの増員要求は実現していることを知るのである。

右の事実は、大名諸家の家格の堅持への熱意のほどを如実に示す好例でもある。普請役人団の規模を大きくすることは出費を嵩《かさ》ませ、さなきだに窮迫を告げているこの時期の藩財政をいやまして圧迫するのであるが、しかしながらそれにもかかわらず、家格をめぐる名誉観念には異常なまでのものがあった。越前松平家自身も自家の「先格」をもってこれを貫き、蜂須賀家もまた同格他家の先例を挙示することによって自家の要求を実現していくのである。

そしてまた、この事例から知られることは、先例挙示が幕府政治において重要な意味をもっており、先例挙示こそが幕府の許可を導き出す有効な手段であるという事実である。この点は次の事例の中でいっそう顕著な形をもって立ち現れることとなるのである。

〔事例3〕　宝暦九・一〇年（一七五九・六〇）　因州鳥取藩源五郎事件

鳥取藩の源五郎事件

一八世紀半ば宝暦年間、因州鳥取藩（池田家三二万五〇〇〇石）に起こった源五郎事件は、法制史上において興味深い問題として、つとに著名なものである（『鳥取藩史』第六巻「事変志」一。本項の引用史料は断らない限りこれに拠る）。

宝暦九年のこと、備中国の幕府領に居住して代官所の支配下にあった源五郎なる者が、鳥取藩内に来って銀札（藩札）の贋造《がんぞう》を犯したことから、鳥取藩役人はこれを追跡して備中幕領に踏み込み、同人を捕縛して連行した。そして鳥取藩ではその「国法」（藩法）に基づいて源五郎を獄門刑に処したのである。

これに対し備中幕領の代官は、鳥取藩の処置が幕府の刑法管轄権を侵犯した手続き上の違法行為であるとして幕府中央に上申し、幕府評定所の吟味の結果、鳥取藩家老など多数の人間が処罰されたというのが事件のあらましである。

「自分仕置令」の二大原則

これは犯罪捜査と刑事裁判の管轄権をめぐる複雑な問題なのである。近世刑事訴訟法上の原則は元禄一〇年（一六九七）に幕府が発した「自分仕置令」（『御触書寛保集成』二四九八号）と呼ばれる法令に基づいている。

それは二つの原則からなっていて、まず、それぞれの大名家（藩）の領内で発生した事件は、他領に関わりない限り当該大名家が捜査・刑罰権（「吟味と仕置」の権限）を有する。次に管轄権が相互に絡み合う他領他支配引合の事件については、すべてこれを幕府に移管せねばならず、大名は自分仕置をなすことを得ないというものである（平松義郎『近世刑事訴訟法の研究』）。

そして源五郎事件は、右の原則の後段に関わるものであり、幕府の裁判管轄の原則を侵犯したがゆえに鳥取藩役人の多数が処罰されたというのが、この事件をめぐるこれまでの法制史上の理解であった。

しかしながら本事件を子細に検討してみると、事態の推移には決してそれだけではすまない、より複雑な問題が伏在していることに思いいたる。そして事件の過程において、大名留守居役の活動が重要な役割を果たしていることを知るのである。以下、これについてやや詳しく検討してみよう。

事件の本質

本事件の事実関係を見るならば、因州鳥取藩池田家では源五郎に対して国法（藩法）の仕置を行うに際して幕府に伺いをなしており、しかも正式の許可を取りつけていたのである。幕府に無断で処刑を行っていたのではなかったのである。では、どうしてこのような事態に立ちいたってしまったのか。

源五郎の処刑をめぐって、近世刑事訴訟法上の原則から見てありうべからざる幕府の許可は、実は池田家側のさりげない詭計《トリック》によって導き出されたものであった。そして事件の本質は、実はここに存していたのである。

源五郎の仕置を巡って鳥取藩池田家では、その江戸留守居役を通じて美作国津山藩の松平越後守家（五万石）の家法を照会せしめた。津山藩松平家において先年、作州幕領に居住する源六なる者が、津山藩領内で贋札事件を起こすという類似の事案が発生していたからである。

この件について、松平家留守居役の回答は「越後守家格にて、領内に入込、悪事致し候者は、御料・他領何方《いずかた》の者にても召捕へ、手前仕置申付け来り候」というのであった。そして贋札事件を起こした犯人については松平家役人の手でこれを捕縛し、幕府に届けることもなく自分仕置をなした旨の、宝暦三年の源六事件の先例を池田家留守居役に示したのである。

この津山藩松平家というのは石高こそ五万石という小規模ながら、徳川家康の二男であった結城秀康の流れを汲む越前松平家の嫡統に他ならず、たびたびの御家騒動の果てに石高は僅少となったけれども、将軍家の兄筋としての家柄を誇っており、また実際にも朝廷官位が従四位下侍従であって国持大名並の格式を有していたのである。「越後守家格」のゆえをもって、自領内の犯罪に対する包括的な自分仕置の権限を有するという主張は、そのような名門意識に支えられたものであった。

回答内容の錯誤

しかしながら松平家留守居役の右の回答には、すでにして重大な誇張、あるいは意図せざる錯誤が含まれていたのである。

それは津山藩領で贋札事件を起こした源六なる者は、雲州松江出自の無宿人であったということである。すなわち作州幕領に居住はしているが、その人別帳に登録されていない人間であった。

そして無宿人の犯罪に対する仕置については、先の幕令の原則の例外をなしており、その生国・居住地に関わりなく、これを捕縛した大名家の自分仕置が認められていたのである。だから津山松平家が、幕領居住の贋札犯人を自分仕置になしえたのは、この無宿人規定に拠るものであって、幕領を含む他領人別の者に対して自分仕置をなしえるような松平家の家格特権が、存在していたわけではなかったのである。

鳥取藩の詭計と幕府の許可

留守居役を通じて入手した松平家の先例書を検討した池田家では、これが無宿人規定を無視した杜撰《ずさん》な誇張ではないかということに気づいたようである。そして、本事件の源五郎は備中幕領の人別に属しているために松平家の先例は適用できないのである。だが松平家では右のごとくに特権の存在を標榜しており、そして池田家でもこの際に、同じく国法の仕置の絶対性を確立して「家格の威光」を増したいという誘惑にかられた。

そこで池田家では、松平家の事件の源六が無宿人である旨を伏せたうえでこれを「先例」となし、同年六月、源五郎処分の件を幕府老中酒井忠寄のもとに伺い出た。

私領分伯州に於て悪事致し候源五郎と申もの、生国備後国品治《ほんち》郡下山守村の者にて、当時は備中国日着郡(ママ)出し幸山村に罷《まか》り在り候、右源五郎儀、兼て召捕り候様申付け置き候処、尚又《なおまた》伯州に罷り越し候につき、召捕べきところ逃げ去り候につき、つけ慕ひ罷り越し、漸く備中国浅井作右衛門御代官所、東三原村にて、村役人ゑも相達し、召連れ罷帰り候、右悪事致し候子細、国許に於て様子相尋ね候所、因幡・伯耆両国通用銀札似せ拵《こしら》へ候段相聞へ申し候、これに依り国法の仕置仕りたく存じ奉り候、この段伺奉り候、以上、

六月十二日

〔池田重寛〕松平　勝五郎

例書

一、因伯両国通用銀札似せ拵へ候、生所備後国品治郡下山守村源五郎と申者

一、当卯二月私より召捕り候、右源五郎儀、当時浅井作右衛門御代官所、備中国日着郡出し幸山に罷有り候

類例

一、宝暦三年戌三月、作州通用銀札似せ拵へ候、生国雲州松江源六と申もの

一、松平越後守より召捕り候、右源六儀、その節は私ぇ御預所、作州大庭郡下河内村ぇ罷有り候、召捕り候已後《いご》、国法の刑罰に相成り候、尤《もっと》も其《その》節、相伺はず国法に申付儀、越後守家格の由御座候、以上、

この伺書に対して幕府は翌一三日に、「国法の通、申し付けらるべく候」の付札をもって許可を下し、かくて源五郎は池田家の手によって処刑されるにいたった。他領他支配引合事件に関する幕府刑制の基本原則は、かくも簡単に破られてしまったのである。

右の事実は、幕府政治のありようをめぐる幾多の興味ある問題点を提供することになると思うが、ここではこの許可を導き出しているのが、他ならぬ先例の存在であるという点を指摘せねばならない。

先例主義の盲点

幕府はこの伺書の件について、独自の先例調査を怠っているのである。大名家側より提出してきた類例書について、幕府側の独自の調査がその許可決定過程に完備されていたならば、他領引合事件の取扱い原則の例外をなすと主張する津山松平家の「先例」の虚偽性は容易に見破られたことであろう。

さらにまた、幕府刑制の原則の例外特権を要求する大名家側の伺いに対して、なんらかの吟味検討を加えている形跡をも見出すことができない。許可は一日にしてなされたのである。幕府側の先例調査官としては、最初の章でも述べた老中付属の奥右筆という役職がある。しかしこれは本件ではまったく機能しておらず、留守居側の詐略をチェックすることができなかったことから、本事件に関連して奥右筆伊藤百助は、職務不行届のゆえをもって差控えを命ぜられている（『徳川家紀』宝暦一〇年八月九日条）。

つまり事件の経緯と残存史料に基づく限り、幕府の許可決定の根拠をなしているのは、この類例書以外には存在していないのであって、右の許可決定はまったく類例書の存在に依存し、拘束されていたと判断せざるをえないのである。

一般に大名家より幕府に提出する、重事や家格に関わる伺書・願書には自家・他家の先例書が添付される。右の源五郎事件と併せ見るならば、これらの先例書は許可を得るに必要な条件であるだけでなく、事実上、許可獲得にとっての十分条件でもあったと考えられるのである。

すなわち、幕府政治というものが先例主義を原則としているために、具体的な先例を挙示しうることは、各種問題において幕府の許諾を引き出すうえにおいて決定的に有利であったということである。だから右の源五郎事件のような詐略ということを度外視して考えてみた場合、一般的にいって正確で適切な先例書こそ、大名家にとってその目的達成のための不可欠にして最重要の政治的手段であったということが知られるのである。

留守居・留守居組合の存在意義

そしてこの幕府の判断を拘束し、大名家側にとって許可獲得の必要十分な条件をなす先例書をもたらしてくれるのが他ならぬ留守居役であり、また情報交換組織としての留守居組合であった。源五郎事件の事実過程は、留守居役および留守居組合の存在意義についてのより深い理解を与えてくれるのである。

そして、その存在性の重要さのゆえに、そこに介在した不正の報いもまた大きかったといわねばならないであろう。源五郎事件について付言しておくならば、右の処置に不服と疑問の念を抱いた備中代官が、幕府勘定奉行に異議の上申をなしたところから問題が評定所で再吟味されることとなり、池田家の詐略が暴き出されていった。そして池田家の家老・留守居役以下関係者多数と、池田家の不正の誘因をなした津山松平家留守居役が処罰をされて、この源五郎事件は終わっている。

一般的な情報収集活動

情報媒体としての留守居廻状

例格の照会行為が、自家の当面する課題の執行方法を確認することに限定されていたのに対し、これは本来的な意味での情報交換であり、自家の問題であれ他に発生した事件であれ、大名諸家にとって将来の参考に資すると判断された情報が留守居役の手で収集され、また留守居組合の場を通して他家へ報知されていった。とりわけ留守居廻状はここでの中心的な情報媒体として大きな役割を果たしていた。

〔事例4〕 万治三年（一六六〇）一一月 伊達騒動関係情報

伊達騒動と阿波藩の情報収集

万治三年七月、仙台藩伊達家では藩主伊達綱宗が行跡不良のゆえをもって幕府より逼塞《ひっそく》を命ぜられ、家督を幼少の綱村に嗣がしめられた。世にいう伊達騒動の発端である。

伊達綱宗の遊所通いをはじめとする不行状には日ごろより目にあまるものがあり、この頃も幕府より江戸城の堀普請を命ぜられていたにもかかわらず、普請現場を見回ったのちにその足で吉原に赴くというありさまで、そのうえに遊女高尾の身請けなどという風聞まで立つほどであった。そんな状況下での幕府よりの逼塞の命令であった。

本事件は一門老臣の伊達兵部と幕府老中酒井忠清との共謀による、伊達家の取り潰し計画とか御家乗っ取り陰謀とかいったストーリーで語られ、また学術論文でもそのように論ぜられることも少なくないのであるが、それらの解釈が正しくないことは、かつて拙著において指摘したとおりである（本件の詳しい経緯については拙著『主君「押込」の構造—近世大名と家臣団—』八二ページ以下を参照されたい）。

さて、綱宗の不行状は隠れもなきことではあったが、大藩伊達家の藩主が幕府より逼塞の命令を蒙ったとあっては穏やかならず、江戸の武家社会においては、これが伊達家の改易などといった処分に発展していくものであるかどうかについて、不安と動揺を伴いつつ、強い関心が抱かれていた。

阿波藩蜂須賀家では、江戸留守居役たちがこの件について幕府大目付・目付らより情報を収集する一方、伊達綱村の後見人となった立花忠茂（筑後柳川藩主）の留守居にも事情を問い合わせている（前掲、蜂須賀家文書『御旧記書抜』）。

すなわち同年一一月二七日には、立花忠茂が引続き江戸に逗留しているのはなぜか、また綱村の継目の御礼がいまだないのはどのような事情によるものであるかを尋ねている。これらの事柄を穿鑿《せんさく》しつつ、幕府の意向を探ろうとしているのである。

同一二月二五日には立花家留守居の方より蜂須賀側に書状が送られ、立花忠茂は将軍家より御鷹狩りの雁《かり》を拝領したのち江戸にて越年すべきを命ぜられたこと、ただしその理由は不詳である旨が報知されている。伊達家のこの事件では綱宗は逼塞隠居を命ぜられ、藩主が幼少の綱村に交替させられたが、伊達家そのものは無事存続が許されている。

京極騒動への情報収集

これと同様の大名家の御家騒動に関する情報の入手の事例としては、「江戸留守居役たちの情報交換方式」の章に見た寛文元年（一六六一）の丹後宮津藩の京極家騒動をめぐるものがあった。

丹後宮津の京極家では、当主の丹後守高国とその父安智斎高広との対立による御家騒動が続いており、そして安智斎が高国を弾劾すべく幕府に訴訟を行ったことで、事態は険悪な状況に進行していた。蜂須賀家留守居の猪子喜之助・寺西八郎右衛門の両名はこの問題について、京極家留守居の関助太夫・佐久間貞右衛門に事情を問い合わせており、そして関と佐久間の連名による返状がもたらされ、事態の概略説明が施されていたことを知る。

台湾鄭成功一件

〔事例5〕　寛文元年七月　鄭成功の台湾進攻情報

明の遺臣鄭成功《ていせいこう》がオランダ支配下の台湾に進攻した旨を伝える、オランダ商船よりの報告和解《わげ》の写を蜂須賀家留守居が入手している（前掲、蜂須賀家文書『御旧記書抜』）。

この和解は「高砂の内けいらんと申所より参り申し候阿蘭陀《オランダ》船二艘、六月九日長崎入津仕ルおらんだ人申分の書付」と題され、鄭成功と台湾とのこれまでの関係を記したのち、「当四月二日にこくせんや（国姓爺）兵船三百艘余、人数四万程、その外高砂の地の唐人と申合せ、都合六万人余にて城を責」めたこと、さらに鄭軍はオランダ商館の根拠地であるゼーラント城へも押し寄せると聞いたので、自分たちは日本へ避難した旨などが述べ立てられている。

蜂須賀家留守居はこの写の入手系路について「右、松平右衛門佐殿（筑前藩主黒田光之）

より江戸ぇ書付御上ヶ成され候写、小笠原右近様（小倉藩主小笠原忠真）ぇ参り申し候、その写かくの如くに御座候」と自家に報告している。

してみればこの文書は、長崎番役である筑前藩黒田家の下で作成されたものが小倉藩の小笠原家に伝えられ、おそらくは小笠原家留守居を通じて蜂須賀家留守居が入手したものと思われる。

〔事例6〕　貞享三年（一六八六）閏三月　越前松平家改易情報の漏洩

越前家改易情報漏洩事件

貞享三年閏三月一九日、幕府の表坊主、小納戸坊主ら合せて一四人が改《かい》易《えき》処分となる事件があった。これについて国学者戸《と》田《だ》茂《も》睡《すい》の記した記録である『御当代記』（『戸田茂睡全集』）には、「是は三月六日、越前守跡の事、仰せ出され候事を前日五日に書付け、手寄々々出し申につきて也、此事より御城へいゝゝゝゝゝ上り聞番の者無用に成り、御城沙汰かつて聞えず」と記している。

すなわち同閏三月六日、越前福井藩主松平綱昌は乱心のゆえをもって封地四七万五〇〇〇石を幕府より収公され、代わってその養父兵部大輔昌親に二五万石を領せしめられた（『徳川実紀』貞享三年閏三月六日条）。

この越前松平家の改易減封《げんぷう》処分は、これより先に行われた、天和元年（一六八一）の越後高田藩二六万石の松平光長を改易に処した越後騒動と併せて、将軍綱吉による越前一門の制圧策として注目すべきところであるが、この重大な処分の情報が公表の前日に御城坊主を通じて諸方に流されたというのである。

右の記事は直接には、留守居役や留守居組合内部での情報交換についてではないが、そこで交換される情報そのものの入手系路について物語っている。すなわち、この情報漏洩事件がもとで留守居役の江戸城への登城が禁じられたということは、諸家留守居（聞番）は江戸城の御城坊主と交わり、これより政治情報を引き出していたということである。

ちなみに右記事の最後に、留守居の江戸城中への出入が禁じられたために「御城沙汰かつて聞えず」とあるのは、戸田茂睡の『御当代記』に盛られた政治的記事の情報源が、他ならぬ大名留守居役にあったことを示唆しているというべきであろう。

〔事例7〕　享保六年（一七二一）八月　幕領農民一揆情報の漏洩

南山御蔵入騒動情報漏洩事件　幕府の享保改革が進行しようとしているさなかの享保六年のこと、陸奥国の会津幕領では農民たちが名主・割元の不正を糾弾して立ち上がるという騒動が勃発していた。いわゆる会津南山御蔵入騒動として知られる著名な農民一揆である。

農民側は幕府代官の裁許を受けつけず、騒動は拡大の一途をたどっていた。このため幕府は勘定方役人、隣領代官らを騒動の立会い吟味に派遣する一方、会津藩松平（保科）家に対しても騒動鎮定のための準備を内々に通告していた。

幕府はこの件について、まったく隠密裡に事を運んでいたのであるが、右の一連の事態が留守居廻状をもって流布されてしまったのである。右の廻状の存在が幕府に聞え、これを廻達した諸家留守居が勘定奉行筧正鋪のもとに集められ、情報の出所についての追及を受けている（『会津藩・家世実紀』享保六年八月一八日条）。

この情報漏洩の嫌疑は会津松平家にもかかり、同家では老中水野忠之のもとに赴いて陳弁をなしている。そして老中水野の側より、留守居廻状などは無責任でいい加減な内容を流布するものであり、「その上この一条は御勘定方軽き衆の家来など、事夥しく申し触れまじきにもこれ無く、それより外々へ露顕も致し候はんか」として、幕府勘定所の下級役人あたりから漏洩したものかという判断が示されて、松平家には累の及ぶことなくして無事に落着している。

〔事例８〕　寛政元年（一七八九）八月　蝦夷地出兵情報

蝦夷出兵指令報知にみる情報交換

盛岡藩南部家文書『御在府御内勤留』は、前章で述べたように、同家留守居役のもとで授受された留守居書状などを記録した留書である。その寛政元年八月一五日条には次のようにある。

一、松平内蔵頭（岡山藩主池田治政）様衆より、蝦夷騒擾《えぞそうじょう》に及び候につき、松前志摩守（松前藩主松前道広）様御取り鎮め御人数、不足にも候はゝ御人数差し出され候様、仰せ蒙られ候につき、御見舞申来、右御礼、翌日御留守居より

すなわち、この寛政元年に蝦夷地で蜂起が発生し松前家が鎮定にあたったが、幕府は騒擾が拡大した場合に備えて南部家にも出兵の準備を指令した。南部家はこの旨を大名諸家に報知しているのであり、右の記事はこの報知に対して岡山池田家より留守居書状をもって見舞を申し来ったというのである。

同種の来状は、仙台藩伊達家・広島藩浅野家・柳川藩立花家・鳥取藩池田家・阿波藩蜂須賀家・松代藩真田家・中村藩相馬家・庄内藩酒井家・結城藩水野家・谷田部藩細川家・篠山藩青山家・明石藩松平家からのそれが確認される。

右の諸家は伊達家を除くと、表3（六四ページ）に示した南部家の近親留守居組合の諸家である。南部家はこの組合諸家に右の件を報知したと推測されるのであり、この近親諸

家による留守居組合を基盤として、相互に活発に情報の交換がなされていることを知るのである。

〔事例9〕　寛政三年（一七九一）一二月　外国騒動情報の流布

外国騒動情報流布事件

寛政三年一二月、外国騒動のありさまを記した書面を留守居廻状をもって流布した廉《かど》により、朽木家（丹波福知山藩三万二〇〇〇石、雁間）の留守居役加藤八郎右衛門なる者が、幕府に処罰され、役儀取放・百日押込とされている（前掲『以上幷武家御扶持人例書』三ノ八）。

すなわち、「かねて珍しき儀は、諸家類役どもへ相通し候申合せ」に基づいて、右の加藤は、自分亡父（加藤泰助）の所持していた外国騒動に関する書付を、阿部家（上総佐貫藩一万六〇〇〇石、雁間）の留守居役峯岸左仲らと連名で、廻状に添えて流布したというのである。

この外国騒動の内容は不明であるが、加藤の父泰助はこの年に死んでいると推定され（『寛政三年・武鑑』）、この時期には北方問題が世上の関心事となっていて、とくにロシアが南下してきて朝鮮国に進攻したとの風説が流行していたから、あるいはこれに関連していたかもしれない。

すなわち寛政期の世上の風聞を纏《まと》めた『よしの冊子』（『随筆百花苑』巻八、中央公論社）の寛政三年一〇月の項に、「ムスコビヤ、朝鮮を攻候事を偽作仕候書面」の一件として、本文に酷似した風評が示されている。本事件が訛伝したものであろう。

なお本件については、松田清『洋学の書誌的研究』（臨川書店、一九九八年）においても言及されている（同書三二四ページ）。あわせて参照されたい。

〔事例10〕　嘉永六～安政二年（一八五三～五五）　ペリー来航一件情報

ペリー来航一件と肥後藩留守居の活躍

嘉永六年六月、ペリー一行が浦賀に来航した直後より、肥後藩細川家の留守居役福田源兵衛は、幕府奥右筆組頭の下に赴いて情報の収集を始めている。

幕府奥右筆は老中に付属して先例の調査を主務とし、その諮問に与《あずか》ったことから幕政の機密に通じており、そのため諸家留守居役はしばしばこれに接触して情報を引き出していたのである。

細川家の福田はそれ以後も幕府奥右筆方に接近し、逐次進行していく政治過程の中で、幕府が外国船に対し和戦いずれで臨むのか、また水戸斉昭《なりあき》に登城が命ぜられたのは政治改革を断行する意図があるか等の諸問題について、幕府の方針の察知に努めている（『改

訂・肥後藩国事史料』嘉永六年六月上旬条)。

ペリー来航に伴う軍事動員体制のもとで細川家もまた相州御備場の受持ちを命ぜられたが、このような情勢下において、諸家の対応ぶりを見るべく細川家の留守居役は他家留守居役たちと接触を重ねていく。

そして蝦夷地方面の警備にあたる伊達・佐竹・津軽・南部・松前など諸家の留守居役からは、その受持場の範囲と警備の実情、そしてまた寒冷広大な辺境への軍役出動が艱難を極めているありさまを聞き取っている。長崎番役を勤める佐賀藩鍋島家の留守居役からは、長崎台場の取立や大砲設置の模様とその費用、そしてそれとの関連にある幕府拝借金の員数等についての情報を得ている。

なお細川家が新規に設けた浦賀留守居役は、日米和親条約の内容を日本側全権林煒《あきら》の随行者河田某より入手し、同家長崎留守居役は露使プチャーチンが江戸幕閣に送ったロシア国書の和解《わげ》写を得ている(同前、嘉永六年八月六日条)。

長崎留守居役はそのロシア国書の和訳の入手系路について、「ここもと御奉行所呈書方より薩州類役奥四郎極密に手に入(中略)右四郎より内密手に入申候」と報告している。「類役」とは他藩の同類の役職の意で、ここでは長崎留守居役を指しており、薩摩藩長崎留守居役の奥四郎なる者が、長崎奉行所の役人（呈書方とは、江戸の幕閣に宛てて各種報告の書面を作成して発出する係の役人）から極秘に入手したものを、さらに内密で得たというものである。

幕府の最高機密であっても、彼ら留守居役たちの情報探索網をかいくぐることは困難であったということであろう。

幕令の解釈と受容形態の決定

留守居役・留守居組合の役割

幕府の法律的命令である幕令は、それが幕府の明確な意思をもった支配行為であるがゆえに、その実現されていく具体的な姿を観察していくことは、幕藩体制と呼ばれている徳川時代の政治システムを考えていくうえでの中心的事項となる。

そして大名家（藩）の側から幕令を解釈し、その受容形態を決定する局面において留守居役および留守居組合は主導的な役割を果たすのである。

これは幕令の解釈行為が、これまで述べてきたような例格の照会・一般的情報の収集という留守居役および留守居組合の基本機能と不可分であるからである。そしてさらに重要な点は、幕令の受容に際しては留守居組合の場での協議を通じた大名諸家の申合わせ、意思一致が前提的に保障されていなければならないということである。けだし、幕令への対応を誤ることは、大名家（藩）の破滅にもつながりかねないがゆえであった。

これらの事情からして、幕令の受容をめぐるもっとも重要な政治的局面において、留守居組合がその中心的役割を果たすことを要請するにいたったということである。

〔事例11〕　万治元年（一六五八）閏一二月　酒造半減令一件

酒造半減令の取扱い

万治元年閏一二月二日、幕府は諸家留守居を評定所に召集したうえで、当年の酒造半減令を伝達した（『御触書寛保集成』二一〇号）。

評定所は幕府の最高裁判所であるが、また同時に老中と各部門の奉行とが政務を協議する政策決定機関でもあり、この時期には幕府法令はもっぱら評定所において老中・大目付の列座のもとに大名諸家に交付される形をとっていた。

さて、この一七世紀半ばには幕府より酒造半減令が頻出するのであるが、これは米価安定・飢饉対策としての性格を強く帯びている。けだし江戸の都市的発展に伴って酒の需要が飛躍的に増大し、それは酒米の大量消費を引き起こしていた。そのことが米価の高騰をもたらして、人口増大が著しい江戸の街にも深刻な影響を及ぼすとともに、また地方農村には飢餓的状況をもたらしていたという事情があった。幕府は酒造半減令をたびたび発布して、このような状況の是正措置を講じていたのである。

さて今回の半減令であるが、いくつかの大名家の留守居が言うには、幕令は出されたけれども今年の造酒については国元においても仕込がもう終わっているはずである。今からこの半減令を持ち帰っても自家では受け容れられないであろうとのことであった（蜂須賀家文書『御旧記書抜』）。

阿波藩の蜂須賀家では、その留守居役がこの幕令の取扱いについて諸家留守居に問い合わせたけれども「一統に御座なく」、諸家の見解は区々であった。そこで同人はこの当時の幕府にあって元老的存在として知られた彦根藩主井伊直孝のもとに赴いて尋ねてみたところ、井伊より、「この制法は発令が三、四十日遅れているように思われる。自分は既造分についてはそのままとし、今後の仕込分のみ半減を命じるつもりである、蜂須賀家も同様にされてよいのではないか」との回答を得ている。蜂須賀家はこの言に従って対応したものと思われる。

〔事例12〕　寛文元年（一六六一）七月　キリシタン禁令と宗門改め

キリシタン禁令の取扱い

寛文元年七月三日、幕府は諸家留守居を評定所に集め、キリシタン禁令(『御触書寛保集成』一二三三号)を交付した。本令はキリシタンを禁圧する点において従前のものと変わるところがなかったが、その第三条に「町人・百姓五人組を定め、庄屋・町年寄、油断無くこれを改め候様に領分堅く申し付らるべく候」と、領分内で五人組を定め、恒常的に宗門改を義務づけるという新規の内容を含んでいた。

本令について、これを領内でどのように実施すべきか、すなわち宗門改の方法や頻度に関して長州藩毛利家では「諸家の様子聞合せ」を行っている。それによれば毎月行うところもあり、一季一度や一年に一度のところもあった。そこで長州藩領内ではこれを年に二度ずつ実施すると決定している。同時に、同家では宗門改の施行方法の詳細な規定を設けているが、これも当然に他家の方式を照会しながら作業を進めていったものと思われる(『毛利十一代史』第一冊)。

また蜂須賀家留守居は、本令を自家に伝達するに際して「右御渡書の内、三ケ条目の御文言これまで終《つい》に箇様《かよう》の仰せ出され御座なく、別《べっし》て御念を入らる御紙面に候条、重々御吟味、仰せ付けさせられ候様に存じ奉り候」(『御旧記書抜』)と注意を促している。

右の毛利家の動きと併せ見るならば、蜂須賀家留守居もまた諸家留守居と本令の趣旨およびその実施方法について話し合い検討し合っていたであろうこと、そしてその中から、今回の幕令第三条の取扱い方に慎重を要する点を認識していったものと考えられる。留守居役は、幕令を受け取って自分の大名家に持ち帰って伝達するだけの単なるメッセンジャーではない。彼らは、ここでは法令の解釈者なのであり、当該法令の具体的実施形態までをも把握しうる技量を備えたものとして、より深い意味での解釈者として立ち現れているのである。

各大名家の執政方では、この留守居役の報告と彼らの意見具申に基づいて、これら幕令を取り扱い実施するほかはなかったであろう。ここに大名留守居役と留守居組合が、近世の政治体制の中で果していた固有の意義が存在したのである。

〔事例13〕　寛文八～一〇年（一六六八～七〇）　京枡使用令一件

枡の全国的統制　幕府は寛文八年より全国的な枡《ます》の統一政策を打ち出し、同九年一一月に大名諸家に対して京枡使用令を交付した（藤井譲治「江戸幕府寛文期の枡統制」）。

本問題をめぐって長州藩毛利家では、江戸において「今度舛《ます》の改め仰せ出され候につき、諸家の様子聞合の覚」なる他大名家の京枡採用に関する調査覚書を作成し、これを国許に送って政策決定の資料としている。

調査の対象は岡山藩池田家・鳥取藩池田家・土佐藩山内家・広島藩浅野家・松江藩松平家・宇和島藩伊達家・小田原藩稲葉家・忍《おし》藩阿部家の諸家であり、そしてこの調査は毛利家留守居である公儀人渡辺小右衛門によってなされた。

また、福岡藩黒田家・松江藩松平家などにおいては京枡採用を決めながらも、具体的な実施形態について判断を下しかね、毛利家同様に諸家への問合わせを行っている。

本問題の係争点は、幕府の意向が江戸樽屋・京都福井の二ヵ所枡座のもの以外の枡の使用を禁止し、枡座で新たに作成する京枡を大名諸家に購入させて全国的に使用せしめるというところにあったのに対して、大名諸家側では寸法容量さえ京枡に合致しているならば領内で作成するもの、あるいは従前使用し来っているもので差し支えないのではないかとするところにあった。

大名側が相互に問合わせを行う中で後者の考え方がしだいに支配的になり、幕府の当初の強い政策は後退し、大名諸家側の望んだ形で収集されることになっている。

この一連の政治過程の中ではなによりも、幕令の具体的な受容形態について大名諸家側が相互に照会活動を行い、それによって大名諸家の意思一致が計られていく点が重要であった。こうして事態は幕令の単なる解釈の問題を超えて、幕府の施策の実現いかん、ことにはこの時期における将軍権力の全国的浸透の帰趨をめぐる、優れて政治的な事件へと昂められていったのである。

このような重要な政治的動向を形成していったものが大名留守居役であり、諸家の留守居役たちの相互照会の活動であったことは充分に留意されてよいであろう。そしてそれは次の事件の中で、いっそう大きな政治的なうねりを引き起こすこととなるのである。

〔事例14〕　天明六年（一七八六）七月　全国御用金令一件

無謀な全国御用金令

天明六年七月三日、幕府は諸大名に宛てて、全国御用金令（『御触書天明集成』三〇八二号）と呼ばれる大がかりな内容をもつ幕令を発した。すなわち幕領・私領全国の農民は持高一〇〇石について銀二五匁、町人は間口一間について銀三匁、寺社山伏は上層者が金一五両、それ以下はこれに準じてそれぞれ出金し、これを五年継続したうえ、幕府の御金も加えて大坂表に設立する貸金会所の元資にするというのである（辻善之助『田沼時代』、中井信彦『転換期幕藩制の研究』、山田忠雄「田沼意次の失脚と天明末年の政治状況」）。

それは幕府の御用金仕法としては前例を見ない大規模な性格を有していたが、天明飢饉以来の農村の疲弊と、諸国に農民一揆の吹き荒れるこの期の情況を考慮に入れるならば、右の政策は現実を無視した無謀というほかはなかった。

加えてこの計画は、最近に幕府の支配勘定御雇となった原勘兵衛なる者が、田沼意次の用人三浦庄二を抱き込んで立案したとやらで、幕府有司の多くも事情を知らぬ間に進められていたということであった。なんとも根拠に乏しく、一途に幕府の「御益」をのみ追求するがごとき「妄令」としか映らざるをえなかったのである（『森山孝盛日記』天明六年七月条）。

留守居組合の対応協議　御用金令発布後の七月九日、大広間席留守居組合は寄合を開き、この問題への対応を協議した（毛利家文庫『公儀事控』「天明六年、金銀融通之ため諸国御料私領寺社山伏其外より五ケ年之間、出金銀被仰付候との御書付之事」〈冊子番号四一―一五―第一〇冊〉。本項の引用史料は断りない限り同記録に拠る）。

席上、組合の長老格たる黒田家の永田藤左衛門は、寺社町人百姓よりの出金が幕令どおりに行われるのは困難ではないかとの見通しを述べたのち、「何分ケ様御沙汰、これ有らせらる上は、一途に御断と申ては御聞入もこれ有るまじく候へば、百姓持高の所には御主人様方、御取替なされ差出され、残る寺社町等をば御断を仰せ入らる方にもこれ有るべき哉」と、農民出金分だけを領主が肩代わり納入して、残りは幕府に「御断」を申し入れてはいかがかとの妥協案を示した。

細川家の白杉少助もこれと同趣旨の発言をなした。毛利家の井上肇は、右の折衷的な意見に異を唱え、幕令を領民に布達もせず領主限りで事を処理しようとするのは、公儀の威光に対して何とも相済み難いことであり、幕令は領内の端々まで触れ知らせるべきである。さてそのうえで、「端々に行届き候上は年来貧窮の者共、御領主まで是非御断を申出でず候では相叶わざる儀と相見え候」、そしてその節には領民をいたわり、幕府にその旨を申し立てなければ「御領主の御慈悲も欠候様に相見え」るであろう。このような事情も考慮しておいてよいのではないかと述べている。

井上の言は、はなはだ婉曲で廻りくどいのであるが、要は幕府への忠勤を逆手にとった幕令の全面拒絶がその真意であると考えられるであろう。

つまり永田の折衷案に対し、それを幕府に対する忠節のゆえんでないと述べ立てることによって問題を尖鋭的に討議する方向へ誘導し、そうして出金の全面的な「御断」へと行きつかざるをえないように論じているのである。

津山藩松平家の岡村要助は、幕令を領内に隈なく布達すべしという井上の筋論に同意の旨を言った。

岡山藩池田家の岩田留四郎は、井上の言に対して「随分承知いたし候、しかしながら領国の御断筋、下の願を取上ヶ申出で候様にこれ有り候ては、領主の詮も相立たざる様にも、主人内蔵頭（池田治政）など申す儀もこれ有るべし」と述べ、御用金令に対する「御断」を領民の歎願に基礎づけようとする点には異議をさし挟んだ。

佐竹家留守居は付随的見解と断わりながらも、「御領内へ申し遣わし候までもこれ無く、第一番御手元にて、御断筋精々仰せ入れられたき」ところが本意である旨を語っている。その他、領国内が困窮しているので本令の施行が難しい旨の発言が多かった。

議論の集約と案詞の作成

寄合に参加の諸家留守居役はこれらの議論を集約し、各大名家より幕府に申し入れるべき書面の案詞を作成した。実際に提出する文面は各家の文格に拠るとするけれども、基本的な趣旨はこれに違わないことが申し合わされた。

今度《このたび》、寺社山伏百姓町人出金銀の儀につき、御触の趣その意を得たてまつり候、早速国元へ申し遣わし候様に仕るべく候、然《しか》るところ近年凶年打ち続き候につき、国中一統困窮のみぎりにて、寺社山伏等に至り候ては、勧化《かんげ》そのほか種々願等申し出で、ならびに百姓どもは年々凶作につき年貢等も相減じ置き候うえ、猶又《なおまた》救米など手当申し付け候次第に御座候、町人の儀も右に准じ、零落に及び、甚しく難儀至極に仕り候、右の仕合せ御座候へば、出銀など申し付け候ても、中々容易には差出しかね申すべきと存じ奉り候、これにより出銀等の儀、暫く延引仕るべく候間、この段御聞き置き下さるべく候、以上

月　日

本問題に対する諸家の見解には幅があった。それゆえに論旨の明瞭な文章は避けられて、どの大名家でも受け容れられ、歩調の一致を保持できるものが作成された。留守居組合は本幕令に対して、基本的に遷延戦術で臨むこととしたと解してよいであろう。

この日の寄合には伊達家留守居は欠席したが、申合わせの次第は連絡することとした。島津家の渋谷五郎左衛門は都合で遅れ、深更に及んで加わり、当日の評議の内容が伝えられた。以上が七月九日に催された大広間席留守居組合の寄合の模様である。

黒田家の届書提出

ついで同月一七日、黒田家の永田は右の申合わせに基づいて作成された、黒田家よりの届書を幕府老中水野忠友に提出した。彼はその

経緯を次のごとく書面に認め、翌一八日付の留守居廻状をもって組合中に報知している。

（前略）昨日神田橋へ罷《まか》り出で、御内意を得候処、思召も御座なく、水野様へ差出候様にとの御事につき、則ち御同所様へ書付差出候所、御用人をもって仰せ聞かせられ候は、書面の趣、御承知なされ候、然《しか》るところ、今日又々御書付出で申し候、その段諸向へ御達これ有るはず候へども、今日の儀ゆえ未だ相達し申さざる儀と思し召し候、右御書付の趣は、最前に日数二十日とこれ有るところ、相ゆるみ五拾日に相成り候、右之段承知の上は又々模様も御座あるべき哉、いづれも右の段承知の上にて、追て書付等差出し然るべく思し召し候、依て先づ御書付を御返しなされ候（中略）右の通りには御座候へども、根元の所は五拾日は百日に相成り候ても、先日仰せ合され候通り、相違も御座なき儀、二度手間とは存ぜられ候へども、即答に彼是と申上やう御座なく、その意を得たてまつり候て引き取り申候（後略）

右の永田書状にある「神田橋」とは田沼意次を指している。彼の屋敷が江戸城の神田橋御門の近くにあったので、田沼はこの符丁でよく呼ばれている。

次に「日数五拾日」への変更とは、同月一八日付で大名諸家宛の触《ふれ》をもって、出金提出期限を従前の二〇日から五〇日に延長するとした修正幕令を発しており、その旨を述べているのである。すなわち老中水野は、この日数変更の幕令を考慮したうえで書付は再度提出し直すべしとして、その受取りを拒んでいるのである。

永田は、先日の会合の結論からするならば、提出期限の二〇日が五〇日となり、また一〇〇日となろうと根本のところはなんら変わらないのであるから、この修正幕令が出されたからとて、自分たちの要望書の提出を再検討する必要もないことではあるけれども、老中に向かって即座に押し返して、あれこれ申し立てをなしうべくもないことから、幕令の趣きを承知して引き取ったと報告している。

島津家の届書提出　島津家の渋谷も同月一六日に届書を幕府に提出している。政治的に、より過激な内容をもつその文面は次のとおりである。

今度寺社山伏百姓町人出金銀の儀につき、御触達の趣き、その意を得たてまつり候、然《しか》るところ、薩摩守（薩摩藩主島津重豪）領内の儀（中略）交易筋薄く御座候ところ、近年は凶年打ち続き、なおもつて困窮いたし罷《まか》り在り候ゆえ、（中略）一統に差迫り、甚だ難儀至極仕り罷り在り候（中略）これに依り、国元において右の取調べ等仕り、何分の訳、申越し候までは、出銀は勿論、この節の御請かた延引仕るべく候間、その段御聞き置かれ下され候様に申し上ぐべき旨、薩摩守申付け候間、この段申上げ候、

以上

七月十六日

松平薩摩守内
渋谷五郎左衛門

右の文面を見るならば、それが先の寄合で申し合わされた届書案詞の趣旨を忠実に守っていることを知るとともに、島津家は独自の判断でさらに踏み込んだ意思表明を行っていることも確認される。すなわち文末の「この節の御請かた延引仕るべく候」の一句の持つ意味である。

「御請」とは幕令を伝達された際の受諾手続きの行為を指す。島津は全国御用金令に対して、単に出金の時間的猶予を願うだけではなくして、幕令の受諾そのものを留保するという立場を幕府に突きつけているのである。そして老中水野はこれに対してもまた、「五十日の日延」という修正幕令の存在をもって届書の受取りを拒否している。

幕府の受取り拒否と諸家の対応

この手続き的な理由をもってする幕府側の届書受取り拒否に、留守居組合の側も困惑を覚えたようである。黒田家の永田と津山松平家の岡村は同月二一日、連名の留守居廻状を組合中に発して、その対応方の取り纏めを行っている。

すなわち「この節又々押返し、書付差出され候て、何とやら余り強過にて上の御評議も如何」であろうか、ここはひとまず幕令を国元で領民に触れ渡し、国元より難渋の趣を申越して来た時点で、書付を再提出してはどうか「それとも先日仰せ合され候通り、何方様にても根元、御差閊《さしつかえ》の所は相知れ候儀につき、御国元往返にも及ばず、この節押返し、近々にも御書付差出され候御方様も御座あるべき哉」、ともかく穏健・強硬いずれの方針で臨むのであれ「仰せ合され、御多分次第しかるべく」と考える。自分たちは穏健的方法を妥当と判断するけれども、各人の意見を知らせていただきたいと結んでいる。

これ以後の留守居組合の動きについては記されていないが、同組合中の一家、筑後久留米藩の有馬家領内には、この御用金令が実際に触れ出されているのが確認されるので（『藩法集・久留米藩』二三五六・二三六八号）、大広間席留守居組合の諸家は穏健的な遷延戦術の方に従ったと思われる。

ともあれ、右のような幕府の重要な政策遂行に対して、留守居組合が「仰せ合され、御多分次第しかるべく」と多数決原理を掲げながら組織体としての統一行動を計っていった、その行動形態に注目せねばならないであろう。団結こそ力なのであり、大名諸家の結束の力をもって幕令の撤回を実現すべく、留守居組合はその指導的な機関として立ち働いていたのである。

昂まる幕令撤回の波と事態の急変

幕臣森山孝盛はその日記の中で全国御用金令発布後の情況について記し、次のように述べている。「松平安芸守（広島藩主浅野重晟《しげあきら》）・同陸奥守（仙台藩主伊達重村）、一番に御断申し立てられ、そのほか御三家方、諸大名大勢、御旗本にも断り申し立てられ候衆もこれ有り候」（『森山孝盛日記』）と。

盛岡藩南部家の記録にも、本令の実施をめぐる同年八月上旬の状況について、「尤《もっと》も今もつて、諸家御請も相済み申さず（中略）何方様にても、脇々御並を御待合なされ候儀と相聞へ候段、御留守居ども申し出で候由」（南部家文書『雑書』同年八月一一日条）と江戸よりの報を記している。諸大名家はこの幕令に対する「御請」、すなわち幕令受諾の手続きも留保しており、他の大名家がどのように対応するかを見極めようとしている状態であるということである。

穏健にであれ強硬にであれ、幕府に対する「御断」の波が昂まっていった。放置しておくならば、将軍と幕府の権威を決定的に失墜せしめる事態が訪れるのは不可避である、そのような危機感が御三家や譜代門閥諸大名の間に漲《みなぎ》り始めていたことであろう。

しかしながら、それにもかかわらず御用金政策は八月半ばの実施に照準を合わせて、着々とその準備が進められていた。御用金の徴収期限は、修正幕令によって発令日より五〇日後となっているので、八月二〇日過ぎが想定されることになるであろう。

そして実際にも、その八月一二日には、「金銀融通一件御用のため、大坂表へ罷り越す予定の幕府勘定所の役人二名に対して、伝馬朱印が交付されるという段取りにまで進んでいたことが確認されるのである（内閣文庫蔵、『天明日記』八月一二日条）。

だが事態は劇的な形で覆ることとなった。出金期限をまさに目前にした八月一五日、将軍家治は原因不明の急病に倒れ、そのまま不帰の人となるのであった。そして田沼意次は一連の異変の責めを追及されて失脚し、田沼政権はもろくも瓦解する。全国御用金令は同月二四日に、幕府よりその撤回が公表されることとなるのである。

江戸留守居役・留守居組合の歴史的意義

問題点と政治的役割の重要性

徳川時代の江戸留守居役および留守居組合の制度と、その活動については以上に見たとおりである。

留守居役と留守居組合に対しては、しばしばその奢りと増長、茶屋遊所における遊興三昧と風俗紊乱《びんらん》の行為とが指弾の対象となってきた。それは事実であり、その不道徳ぶりについては、それはそれとして非難を甘受せねばならないことは当然ではあろう。

しかしながらそれは、いわばコインの一面というべきものである。歴史学の観点においてはそのコインのもう一方の面、すなわちこれら留守居役および留守居組合に、かくも法外な奢りと特権とを許容せしめたところの、その政治的役割の重要性の方に着目して事態を考察しなければならないであろう。

留守居役と留守居組合の常軌を逸脱した遊興行為は、近世武家社会におけるそれらの政治的力量、政治的地位、そして情報という独特の客体を取り扱う、その政治的役割の重要性の反映と見なすべきものなのである。

留守居役および留守居組合が当時の社会において果していた諸機能と、その歴史的意義について今一度まとめておこう。

①先例・旧格の照会　留守居役と留守居組合の役割の重要なものの一つが、先例・旧格の照会行為であった。

近世の武家社会における先例主義的な行動様式が、一面において、対幕府関係に落度なきを期するという自己保全的な志向性に裏付けられていたことは疑いないであろう。したがってそれは幕府の側からみても、自発的に幕府の意向を汲み取り、事態を円滑に整序・遂行してくれるものとして望ましくもあり、そのような先例を不断に供給する留守居組合の存在は、幕府の支配体制たる幕藩制の秩序を維持し、これを再生産する役割を担っているということができるであろう。

他面、この同一の事柄は同時に異なる意義を有する。すなわち、先例主義はあくまでも過去の事例という事実に則って政務を運営する政治形態であることから、それは客観的にして公平であり、権力的な恣意の要素を排除するというデモクラティックな性格を備えているということである。

すなわち、大名諸家は先例に則って行動する限り、何人からも譴責を受けることもなければ、不当な待遇を受けるということもない。また進んで、同格他家の先例を挙示するならば、自家もまたそれを獲得することが主張でき、かつ実現しえたということである。よし、それが幕府の側にとって不都合な場合においてでもある。

先例主義とは、ここでは権利保障の謂《いい》に他ならないであろう。それは同じく先例準拠を法原則とする英米のコモン・ローの法体系が、国王や国家の権力に対して人々の権利保障を実現し、デモクラシーの発達を促したのと同様の効果を発揮していたのである。

本書で取り上げた鳥取池田家の源五郎事件の事例はその極限を示すものであって、問題が幕府刑制の根幹に属する重要問題であり、その「先例」が虚偽であるにもかかわらず、それが先例であるという理由のみをもって大名家側の要求が実現したという事実を見るならば、一般的にいって、この社会において先例のもつ規範的拘束力は、われわれが想像する以上に強大なものであったことを知るのである。
留守居役と留守居組合の、広範囲にわたって先例を豊かに探索する能力は、大名諸家の諸々の要望に自在に応えうるものであり、かつその権利を保障してくれるものであった。かくも強大な政治的力能を有する留守居役と留守居組合なればこそ、その政治的地位は、おのずから高められていかざるをえなかったということであろう。

②一般的情報の交換　例格の照会行為が、自家にとって当面する課題への対拠方針を確認することに向けられていたのに比して、これは本来的な意味での情報交換であり、大名諸家にとって将来の参考に資すると判断された事柄が広く収集され、また自発的に他家へ報知されていった。

寛文期の鄭成功一件、寛政期の蝦夷地出兵問題、同じく外国騒動、嘉永のペリー来航問題。これらは大名諸家にとって、直接には軍役動員に関わる問題であり、広くは日本国の置かれている全体的な政治状況を把握するという観点からして、決して軽くない内容を含むものであろう。

「江戸留守居役たちの情報交換方式」の章「留守居書状」の節に提示した留守居書状の場合は、戊辰戦争のただ中にあって、大名諸家の向背を決する判断材料を継続的に供給していたのである。その意味では、これら留守居役および留守居組合を通した情報交換は、最終的には明治維新の趨勢を決していくに足るだけの働きをなしていたということができるかもしれない。

享保六年の会津南山御蔵入騒動に関する情報は、百姓一揆とこれに臨む幕府の態度を示していたから、大名諸家にとって己れの領内政策遂行のうえで充分に考慮に値するものであった。それはまた幕領一揆の鎮定に隣接大名がどのように動員されるかを知る、好個の事例としても興味をもたれたところであろう。

伊達騒動・京極騒動そして越前家処分の情報は、それが改易問題として、大名諸家の存立性に直結していたから、その重要さについてはここで述べるまでもないことであろう。幕府の秘密主義的な政治遂行のもとにあって、そして他に見るべき情報媒体の存在しない近世社会にあって、この制度的に安定した情報組織の存在は大名諸家にとって不可欠のものであった。

情報はそれ自体、一つの政治的力能である。留守居役と留守居組合の恒常的な情報供給は大名諸家に対して、不断に推移変動していく不可測の政治情勢に対して的確な判断を保障し、継起する各種の事態への能動的な対応を可能としてくれたのである。

③幕令の解釈・協議　幕令は、それが幕府の明確で意志的な支配行為であるがゆえに、それがどのように実現されていくかを観察することは、近世の幕藩体制と呼ばれる社会の体質を知るうえで重要なことである。

これまでの研究では、幕府の命令や法令というものは無条件の強制力を備えているものという先入観に基づいて諸々の事態が捉えられてきたから、幕令が大名家側の主体的な判断で、その実施形態が左右されたり、効力を失わしめられたり、さらにはその抵抗によって撤回されるというような状態は、考慮の外にあったといってよいであろう。

しかしながら本書に見てきたように、幕令が大名諸家に受容され実施されていく過程において、留守居役および留守居組合の判断と活動とが、その具体的形態を決定するという点できわめて重要な意味を有していたのである。これら留守居役と留守居組合の存在を抜きにして、幕令の全国的施行の実態を考えることはできないのである。

これは幕令の解釈という行為が、先例の確認、一般的情報の収集という留守居役と留守居組合の基本機能と不可分のところにあるからであり、今一つには組合の場での協議を通じた大名諸家の申合わせ、意思統一を前提として含んでいるからである。これらが、幕令の受容―施行というもっとも重要な局面において、留守居役と留守居組合が主導的な役割を果すにいたった理由であるといってよいであろう。

留守居役も留守居組合も、それ自体としては反幕府的な存在ではない。幕府が公儀として、その政治政策が大名諸家の存立性と合致し、全体制的な安定に資する限り大名諸家はその支配を受け容れたのであり、これに応じて留守居組合もまた幕命の忠実な実行者として行動していた。

しかし幕府政治が右の調和を逸脱して恣意に流れ、幕府一己《いっこ》の「御益」の追求に走り、強権を行使することによって大名の存立性を脅やかし、その固有の領有権を侵すものと見なされた時には事態は異なった。

大名諸家は不当なる幕令の撤回を目指して行動したのであり、これに基づいて留守居役と留守居組合とはその協議機能を通じて諸大名の意思一致を計り、将軍権力に抗しうる政治的な力能へとこれを組織していった。留守居役と留守居組合はこの局面においては、幕令に対する抵抗運動の指導機関として立ち現れたのである。

留守居・留守居組合の役割と歴史的意義

留守居役および留守居組合の活動に関するこの三つの局面は、近世の日本社会が到達した政治的レベルを考えるうえで重要なものである。先例主義には保守的な響きがするけれども、本書で繰り返し述べたように、それは権力の乱用による恣意的な政治を抑え、確実な資料に基づいて個々の事案を客観的かつ公平に決定する、という政治的習慣を育成していったことの意義は決して見逃されてはならない。それは、明治維新や自由民権運動のような近代デモクラシーのもとにおける政治行動にとって不可欠の前提をなしていたからである。

情報収集活動をめぐる問題の重要性については、今日的な観点からするならば贅言《ぜいげん》を要するまでもないことであろう。留守居役および留守居組合の活動は、情報というものが固有の価値をもった存在であることを近世社会の人間に認識せしめたという点において、大きな意義を有している。

日本の近世社会は、前近代社会としては他の国に例を見ないほどの高度情報化社会としての成熟を示していたのであるが、そのような情報社会の形成において主導的な役割を果していたのが、彼ら留守居役たちの活動であった。

幕府法令の受容に際して、留守居組合の場において対応を協議し、諸藩の意向を集約しつつ、統一意思のもとにこれに対応していくという政治行動の形態は、これまでの研究では知られていなかったものである。これまでの幕藩体制に関する研究においては、幕府の権力の圧倒的な強大性を暗黙の、そしてそれ故に当然の前提としたうえで、諸々の事象の解釈がなされてきたのである。

幕末の天保改革において、幕府の強行しようとした上地令（上知令）が諸大名の反対で挫折したというのが、これまでに知られていたほとんど唯一の事例であったといってよいであろう。そしてそれは、幕末にいたって幕府の権力が衰弱したがゆえに生じた現象、あるいはそのような事態の生じたことが、幕府権力の弱体化の象徴というように位置づけられてきたのである。

しかしながら留守居役および留守居組合の活動は、このような幕藩体制の古い歴史像を一変せしめるに足るものがあるであろう。幕藩体制の政治システムには、諸藩の意思を集約し幕府権力の乱用を制約しうるだけの機構が、自生的に形成され、内在化されていたということなのである。

日本の社会、ことに近世社会には議会というものが存在しておらず、それが日本におけるデモクラシー発展の弱さの原因であることが、これまでにもしばしば指摘されてきた。

それは確かに一面においては厳粛な事実として受け止めなくてはならないが、反面ではこの留守居組合のように、実質的にその機能を果していた特有の制度が存在していたことも見逃されてはならない。

留守居役は明治維新を迎えると「公議人」と名称を改め、朝廷政府の下で一藩の意思を表明する代表者として位置づけられていくのであるが、この事実もまた、彼ら留守居役が近世社会の中で果たしてきた政治的役割について物語ってくれるところがあるであろう。

留守居役および留守居組合が、日本の近世社会において有していた歴史的な意義については以上のように考えるものである。

参考文献

〔史　料〕

『御旧記書抜』（国立史料館〔国文学研究資料館史料館〕所蔵、蜂須賀家文書）
『福間帳』（山口県文書館、毛利家文庫所蔵）
『公儀事控』（山口県文書館、毛利家文庫所蔵）
『諸記録抜書』（岩手県立図書館所蔵）
『留守居役年記略』（伊達文化保存会所蔵、宇和島伊達家文書）
『御留守居方日記』（長野市立真田宝物館所蔵、真田家文書）
『御留守居方日記』（松浦史料博物館所蔵、松浦家文書）
『御留守居申合、公辺被仰出、其外書抜』（伊達文化保存会所蔵、宇和島伊達家文書）
「廻状」（秋田県立図書館、佐竹文庫所蔵）
『御留記』（秋田県立図書館、佐竹文庫所蔵）
『色々合冊、雑ノ部』（秋田県立図書館、佐竹文庫所蔵）
『御在府御内勤留』（盛岡市公民館所蔵、南部家文書）
「安政五年、御三家使者送迎礼紛議一件」（国立史料館所蔵、真田家文書）
『雑書（南部藩家老席日記）』（盛岡市公民館所蔵、南部家文書、雄松堂版マイクロフィルム）

『天明日記（幕府日記）』（国立公文書館、内閣文庫所蔵）
『憲教類典』（『内閣文庫史料叢刊』第三八巻、汲古書院、一九八四年）
『毛利十一代史』（名著出版、一九七二年）
『落穂集』（『改定史籍集覧』第一〇冊、近藤活版所、一九〇二年）
『八丁夜話』（『第二期・新秋田叢書』一、歴史図書社、一九七二年）
『江戸御法度』（藩法研究会編『藩法集・続鳥取藩』創文社、一九七〇年）
『列朝制度』（藩法研究会編『藩法集・鹿児島藩』創文社、一九七〇年）
『鳥取藩史』（鳥取県立鳥取図書館、一九七一年）
『会津藩・家世実紀』（吉川弘文館、一九八〇年）
『大日本古文書・伊達家文書』（東京大学史料編纂所、一九一三年）
『御触書寛保集成』（岩波書店、一九三四年）
『御触書天保集成』（岩波書店、一九三七年）
『徳川禁令考』（創文社、一九五九年）
『徳川実紀』（『改訂増補国史大系』吉川弘文館、一九九九年）
『以上并武家御扶持人例書』（『近世法制史料集』第三巻、創文社、一九七七年）
『武営政緒録』（神宮文庫所蔵、『古事類苑』官位部七八収載）
『親子草』（『新燕石十種』第一、国書刊行会、一九一二年）

『よしの冊子』（『随筆百花苑』第九、中央公論社、一九八一年）
『森山孝盛日記』（国立公文書館、内閣文庫所蔵、『日本都市生活史料集成』二〈学習研究社、一九七七年〉）
『文化秘筆』（『未刊随筆百種』第八、米山堂、一九二七年）
『我衣』（『燕石十種』第一、国書刊行会、一九〇七年）
『御当代記』（『戸田茂睡全集』国書刊行会、一九一五年）
『改訂・肥後藩国事史料』（国書刊行会、一九七三年）

〔著　書〕

浅倉有子『北方史と近世社会』（清文堂出版、一九九九年）
岩下哲典・真栄平房昭編『近世日本の海外情報』（岩田書院、一九九七年）
小川恭一『江戸幕藩・大名家事典』（原書房、一九九二年）
笠谷和比古『近世武家社会の政治構造』（吉川弘文館、一九九三年）
笠谷和比古『近世武家文書の研究』（法政大学出版局、一九九八年）
児玉幸多『大名』（『日本の歴史』別巻、小学館、一九七五年）
小早川欣吾『近世民事訴訟制度の研究』（有斐閣、一九五七年）
作道洋太郎『日本貨幣金融史の研究』（塙書房、一九七五年）
白石良夫『最後の江戸御留守居役』（筑摩書房、一九九六年）
杉本史子『領域支配の展開と近世』（山川出版社、一九九九年）

辻善之助『日本文化史』VI（春秋社、一九五〇年）
辻善之助『田沼時代』（岩波文庫、一九八〇年）
中井信彦『転換期幕藩制の研究』（塙書房、一九七一年）
長谷川成一『近世国家と東北大名』（吉川弘文館、一九九八年）
林由紀子『近世服忌令の研究』（清文堂、一九九八年）
服藤弘司『御留守居の研究』（創文社、一九八四年）
平松義郎『近世刑事訴訟法の研究』（創文社、一九六七年）
藤實久美子『武鑑出版と近世社会』（東洋書林、一九九九年）
三浦周行『法制史の研究』（岩波書店、一九一九年）
三田村鳶魚『三田村鳶魚全集』（中央公論社、一九七六年）
山本博文『江戸お留守居役の日記』（読売新聞社、一九九一年）

〔論　文〕

岩下哲典「開国前夜の政局とペリー来迎予告情報」（『日蘭学会会誌』一五巻二号、一九九一年）
大森映子「備後福山領元禄検地をめぐる政治過程」（『史学雑誌』九〇編の三号、一九八一年）
笠谷和比古「幕藩制下における大名領有権の不可侵性について」（『日本史研究』一八七号、一九七八年）
笠谷和比古「大名留守居組合の制度的考察」（『史林』六五巻五号、一九八二年）
笠谷和比古「大名留守居組合における互通文書の諸類型」（『史料館研究紀要』一四号、一九八二年）

千葉一大「近世大名の身分と格式―盛岡・南部家の場合―」(『日本歴史』五九九号、一九九八年)
永嶺信孝「天保期における岡山藩大坂留守居」(『日本歴史』五九八号、一九九八年)
永嶺信孝「八戸藩江戸留守居」(『八戸地域史』三二号、一九九八年)
服藤弘司「大名留守居制の成立」(『牧健二博士米寿記念日本法制史論集』思文閣出版、一九八〇年)
藤井譲治「江戸幕府寛文期の枡統制」(『日本史研究』二〇四号、一九七九年)
本間修平「徳川幕府奥右筆の史的考察」(『法と権力の史的考察』創文社、一九七七年)
松尾美恵子「大名の殿席と家格」(『徳川林政史研究所紀要・昭和五五年度』一九八〇年)
松方冬子「風説書確立以前のオランダ人による情報提供について」(『東京大学史料編纂所研究紀要』第九号、一九九九年)
松平秀治「大名家格制についての問題点」(『徳川林政史研究所紀要・昭和四八年度』一九七三年)
森　克己「国姓爺の台湾攻略とオランダ風説書」(『日本歴史』四八号、一九五二年)
山田忠雄「田沼意次の失脚と天明末年の政治状況」(『史学』四三―一・二号)
依田百川「御留守居交際」(『旧幕府』第一号、冨山房、一八九七年、復刻・原書房)

あとがき

筆者が大名留守居役および留守居組合に関する研究を手がけ始めたのは、今を遡ること二十余年となる。筆者の研究歴の中においても最も初期に属するものである。

筆者にとって当時の――今もってではあるけれども――研究テーマは、近世の幕藩体制と呼ばれる政治システムの研究であった。すなわち将軍（幕府）と大名（藩）との政治的関係、ことにそこにおいて展開される支配と命令、そしてそれに対する忠誠と抵抗をめぐる問題、総じて、この政治システムにおける権力《パワー》の構造に深い関心を向けていた。

そのような関心に沿って、武家諸法度や参勤交代、そして大名の御手伝い普請の問題などあれこれ調べているうちに、大名留守居役の問題に出会ったのであった。彼らは大名の江戸屋敷に常駐して情報収集活動をやったり、幕府・諸藩との折衝も手がけていたのであるが、何よりも筆者の関心を惹いたことは、彼ら諸家の留守居役はそれぞれ留守居組合を構成して、定期的に会合をもち、諸般の問題について話し合いの機会を設けていたという点であった。

　将軍のお膝元である江戸において、諸藩の留守居役たちが、それぞれの藩を代表するような形で定期的協議の場を設けている!?

　幕府の厳しい統制の目が光り、参勤交代で参府した大名とて、下手な疑惑を招かぬよう江戸屋敷の中でおとなしくしているといわれている御府内において、留守居役たちのそのような活動はそもそも許されることなのだろうか。そのような素朴な疑問が、研究を始めてまだ経験も浅い筆者の頭の中をよぎっていくとともに、またそれなればこそ、この主題は研究対象として取り組むに値するものではないかと考えたのである。

　先入観を捨てて、まずは大名留守居役と留守居組合の活動の実態を明らかにすべく、その活動の事例を集めよう。一つでも多くの事例を集め、そこから帰納的に新しい歴史像を描き出していこうという計画の下に、愚直を顧みず若い体力に任せて、手当たり次第に史料漁りを続けたものであった。

　他方、研究史をひもといてみるならば、大名留守居役という問題については、戦前から長い蓄積をもっていることを知る。

戦前における大名留守居役の研究をリードしたのは三田村鳶魚氏や辻善之助氏であり、そこではもっぱら諸家留守居役の際立った遊興・奢侈という文化現象やその不道徳性が取り上げられ、それらが指弾されるという論調が支配的であった。

戦後になってもこのような傾向が変わりなく続いていたのであるが、七〇年代の頃から大名留守居役に関する研究は新たな展開を示すようになる。

その一つは法制史の方面の研究で、服藤弘司氏や林由紀子氏らは、幕府の法典である「御定書《おさだめがき》」や親族の死亡時の服喪の規定である「服忌令《ぶっきりょう》」などを素材としつつ、幕府法が諸藩に伝播していくに際して果した大名留守居役の媒介的役割を明らかにしていった。

服藤氏はそののち『大名留守居の研究』を著し、大名留守居制の意義を、幕命の迅速にして画一的な諸藩への伝達という機能性に求めた。すなわち各大名家における留守居役の設置は、幕府に対する忠誠の証しであり、幕藩体制なる政治形態の確立のための、大名家の側よりする「理解と協力」の動向として位置づけられたのである。

これに対して筆者は、数年にわたった研究の結果をまとめ、本書の原型をなす「大名留守居組合の制度史的考察」「大名留守居組合における互通文書の諸類型」という二論文を公表して、筆者の見解を明らかにした。

そこでは大名留守居役の問題を、特に留守居組合の観点から分析し、その結果、かれら留守居役は単に幕府の命令や意向を自己の大名家に伝達・浸透させていくだけの存在ではなく、幕令への対応をめぐって留守居組合の場で協議を重ね、大名諸家の歩調の一致を計りつつその修正や撤回を求めていく、幕命への抵抗運動の主導者としても立ち現れていたことを指摘したのである。

服藤氏の見解と筆者のそれとの間には相当な隔たりがあるようではあるが、しかしながら、この二つの側面は共に大名留守居制の属性として受け止めるべきものである。それはいわば、大名留守居制というコインの両面を示すものと考えてよいであろう。

とまれ、このような葛藤を経ながら、大名留守居役に関する研究は戦前からの古いタイプの議論、藩の公費を用いて接待や遊興三昧に明け暮れる社用族的イメージのレベルにおいて、その道徳的非難をあげつらうタイプのそれから脱却していくこととなる。そしてそこから、徳川幕藩体制という政治システムの中で果しているその政治的機能を多面的に分析していく段階にいたり、そして周知のような、今日の留守居役研究の盛行を迎えることとなっているわけである。

前述のとおり、筆者にとって大名留守居役および留守居組合に関する研究は初期に属するものであり、筆者が単行本を出版するときの第一号となるように準備されていたのであるが、筆者をとりまく研究状況の諸般の事情から『主君「押込」の構造』『関ヶ原合戦』そして『士（サムライ）の思想』へと出版スケジュールが展開していったために、この留守居役研究は宙に浮いたままに十余年を経過することとなってしまったのである。

幸いこの度、吉川弘文館編集第一部のお薦めもあって、同社の歴史文化ライブラリーの一冊として本書を公刊する機会を得、筆者としては長年にわたって積み残してきた宿題をようやくにして仕果せた思いでいる。

その意味においても、この記念すべき節目の年に出版の機会を与えられた吉川弘文館に深甚の謝意を表すものである。

二〇〇〇年正月

笠谷和比古

著者紹介

一九四九年、神戸市に生まれる
一九七八年、京都大学大学院文学研究科博士課程単位取得退学。文学博士
現在、国際日本文化研究センター研究部教授

主要著書
主君「押込」の構造　近世武家社会の政治構造　関ヶ原合戦　徳川吉宗　士(サムライ)の思想―日本型組織と個人の自立―　「日暮硯」と改革の時代

歴史文化ライブラリー
89

江戸御留守居役
近世の外交官

二〇〇〇年(平成十二)四月一日　第一刷発行

著　者　笠《かさ》谷《や》和《かず》比《ひ》古《こ》

発行者　林　英男

発行所　株式会社 吉川弘文館
東京都文京区本郷七丁目二番八号
郵便番号一一三―〇〇三三
電話〇三―三八一三―九一五一〈代表〉
振替口座〇〇一〇〇―五―二四四
印刷＝平文社　製本＝ナショナル製本
装幀＝山崎　登

歴史文化ライブラリー

1996.10

刊行のことば

現今の日本および国際社会は、さまざまな面で大変動の時代を迎えておりますが、近づきつつある二十一世紀は人類史の到達点として、物質的な繁栄のみならず文化や自然・社会環境を謳歌できる平和な社会でなければなりません。しかしながら高度成長・技術革新にともなう急激な変貌は「自己本位な刹那主義」の風潮を生みだし、先人が築いてきた歴史や文化に学ぶ余裕もなく、いまだ明るい人類の将来が展望できていないようにも見えます。このような状況を踏まえ、よりよい二十一世紀社会を築くために、人類誕生から現在に至る「人類の遺産・教訓」としてのあらゆる分野の歴史と文化を「歴史文化ライブラリー」として刊行することといたしました。

小社は、安政四年(一八五七)の創業以来、一貫して歴史学を中心とした専門出版社として書籍を刊行しつづけてまいりました。その経験を生かし、学問成果にもとづいた本叢書を刊行し社会的要請に応えて行きたいと考えております。

現代は、マスメディアが発達した高度情報化社会といわれますが、私どもはあくまでも活字を主体とした出版こそ、ものの本質を考える基礎と信じ、本叢書をとおして社会に訴えてまいりたいと思います。これから生まれでる一冊一冊が、それぞれの読者を知的冒険の旅へと誘い、希望に満ちた人類の未来を構築する糧となれば幸いです。

吉川弘文館

〈オンデマンド版〉
江戸御留守居役
近世の外交官

歴史文化ライブラリー
89

2017年（平成29）10月1日　発行

著　者　笠《かさ》谷《や》和《かず》比《ひ》古《こ》
発行者　吉　川　道　郎
発行所　株式会社　吉川弘文館
〒113-0033　東京都文京区本郷7丁目2番8号
TEL　03-3813-9151〈代表〉
URL　http://www.yoshikawa-k.co.jp/

印刷・製本　大日本印刷株式会社
装　幀　清水良洋・宮崎萌美

笠谷和比古（1949～）

ISBN978-4-642-75489-7